Impressum
Verlag: BABADADA GmbH, Nedderfeld 112 , 22529 Hamburg
Geschäftsführer / Verlagsleitung: Harald Hof
Druck: Books on Demand GmbH, In de Tarpen 42, 22848 Norderstedt

Imprint
Publisher: BABADADA GmbH, Nedderfeld 112 , 22529 Hamburg, Germany
Managing Director / Publishing direction: Harald Hof
Print: Books on Demand GmbH, In de Tarpen 42, 22848 Norderstedt, Germany

ትምህርት ቤት

школа

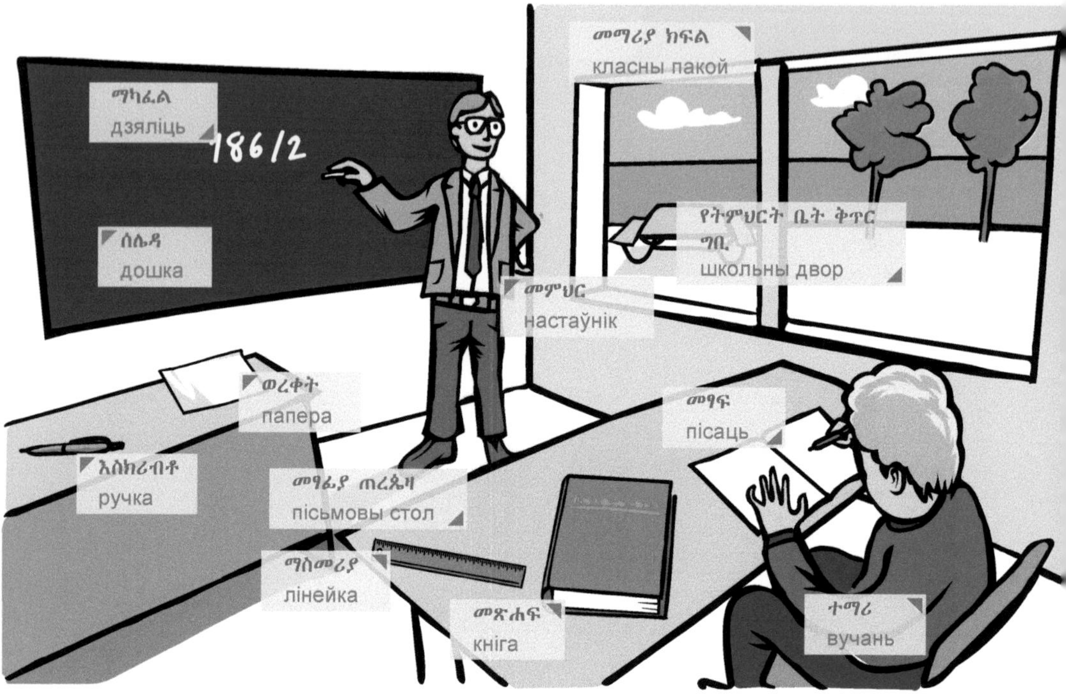

መማሪያ ክፍል
класны пакой
ማካፈል
дзяліць
186/2
ሰሌዳ
дошка
የትምህርት ቤት ቅጥር ግቢ
школьны двор
መምህር
настаўнік
ወረቀት
папера
መፃፍ
пісаць
እስክሪብቶ
ручка
መፃፊያ ጠረጴዛ
пісьмовы стол
ማስመሪያ
лінейка
መጽሐፍ
кніга
ተማሪ
вучань

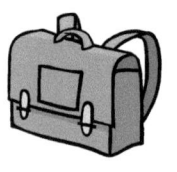

የጀርባ ቦርሳ

....

ранец

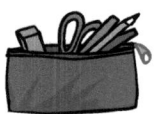

የእርሳስ መያዣ

....

пенал

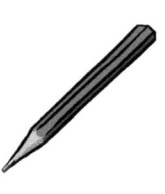

እርሳስ

....

просты аловак

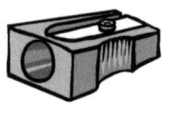

የእርሳስ መቅረጫ

....

тачылка для алоўкаў

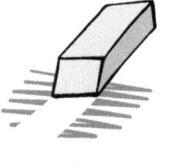

ላጲስ

....

гумка

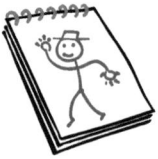

የስዕል ደብተር

....

альбом для малявання

ስዕል
....
малюнак

የቀለም ብሩሽ
....
пэндзлік

የቀለም ሳጥን
....
фарбы

መቀስ
....
нажніцы

ማጣበቂያ
....
клей

መልመጃ ደብተር
....
сшытак

የቤት ስራ
....
хатняе заданне

12

ቁጥር
....
лік

2+2

መደመር
....
дадаваць

5-2

መቀነስ
....
адымаць

2×2

ማባዛት
....
множыць

ቁጥሮችን ማስላት
....
лічыць

A

ደብዳቤ
....
літара

ABCDEFG HIJKLMN OPQRSTU VWXYZ

ፊደላት
....
алфавіт

ቃል
....
слова

ዕሑፍ
тэкст

ማንበብ
чытаць

ጠመኔ
крэйда

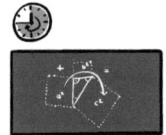

ትምህርት
ўрок

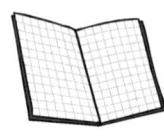

ምዝገባ
класны журнал

ፈተና
экзамен

ሰርተፊኬት
атэстат

የትምህርት ቤት የደንብ ልብስ
школьная форма

ትምህርት
адукацыя

አዉደ ጥበብ
энцыклапедыя

ዩኒቨርስቲ
універсітэт

የምርምር አጉሊ መሳርያ
мікраскоп

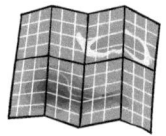

ካርታ
карта

የቆሻሻ ወረቀት መጣያ ቅርጫት
смеццевы кошык

ሆቴል
гатэль

Grand

ማረፊያ ቤት
хостэл

ROOMS

የዉጭ ገንዘብ ምንዛሪ ቢሮ
абменны пункт

EXCHANGE

ልብስ መያዣ ሻንጣ
чамадан

መኪና
аўтамабіль

ቋንቋ
....
мова

አዎ/ አይደለም
....
так / не

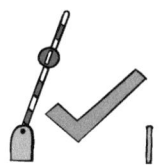

እሺ
....
добра

ሰላም
....
прывітанне!

አስተርጓሚ
....
перакладчык

አመሰግናለሁ
....
дзякуй

ስንት ነው.......?

Колькі каштуе....?

አልገባኝም

я не разумею

እክል

праблема

እንደምን አመሹ!

Добры вечар!

እንደምን አደሩ!

Добрай раніцы!

መልካም ምሽት!

Дабранач!

ደህና ይሰንብቱ

да пабачэння

አቅጣጫ

кірунак

ሻንጣ

багаж

ቦርሳ

сумка

የጀርባ ቦርሳ

заплечнік

እንግዳ

госць

ክፍል

пакой

የመተኛ ቦርሳ

спальны мяшок

ድንኳን

палатка

የጎብኚዎች መረጃ

нфармацыя для турыстаў

የባህር ዳርቻ

пляж

ክሬዲት ካርድ

крэдытная картка

ቁርስ

снеданне

ምሳ

абед

እራት

вячэра

ቲኬት

праязны білет

አሳንስር

ліфт

ማህተም

паштовая марка

ድንበር

мяжа

ባህሎች

мытня

ኤምባሲ

пасольства

ቪዛ/የይለፍ ወረቀት

віза

ፓስፖርት

пашпарт

መጓጓዣ

транспарт

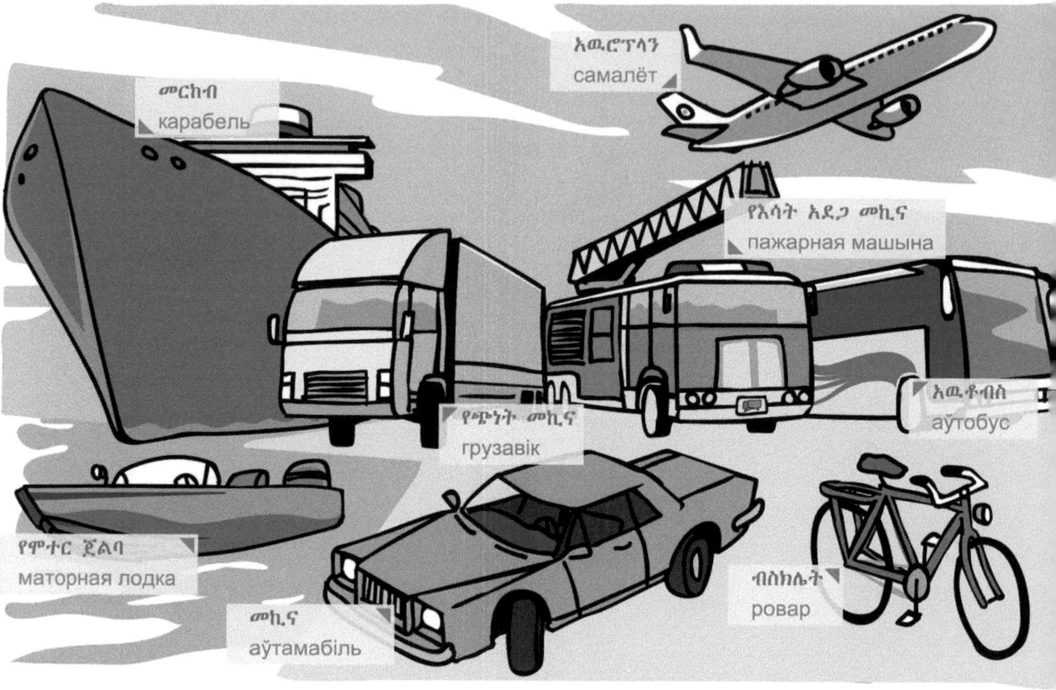

አዉሮፕላን
самалёт
መርከብ
карабель
የእሳት አደጋ መኪና
пажарная машына
የጭነት መኪና
грузавік
አዉቶብስ
аўтобус
የሞተር ጀልባ
маторная лодка
መኪና
аўтамабіль
ብስክሌት
ровар

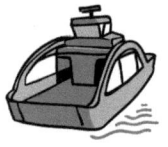

የማመላለሻ ጀልባ

паром

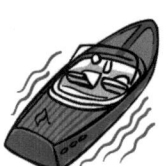

ጀልባ

лодка

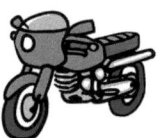

የሞተር ብስክሌት

матацыкл

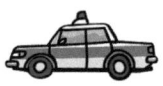

የፖሊስ መኪና

паліцэйская машына

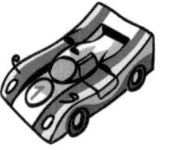

የዉድድር መኪና

гоначны аўтамабіль

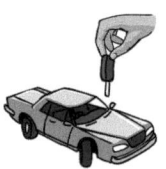

የኪራይ መኪና

арэндаваны аўтамабіль

የመኪና መጋራት

сумеснае карыстанне аўтамабілем

ጎታች መኪና

эвакуатар

የቆሻሻ ጭነት መኪና

смеццявоз

ሞተር

матор

ነዳጅ

паліва

የቤንዚን ማደያ

запраўка

የመንገድ ምልክት

дарожны знак

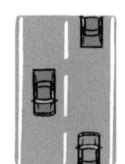

የመኪኖች እንቅስቃሴ

дарожны рух

የመኪና መጨናነቅ

затор

የመኪና ማቆሚያ

паркоўка

የባቡር ጣቢያ

чыгуначная станцыя

የባቡር ሀዲዶች

рэйкі

ባቡር

цягнік

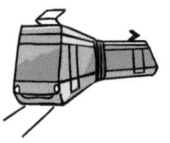

የኤሌክትሪክ ባቡር

трамвай

ሰረገላ

вагон

ሄሊኮፕተር

верталёт

አየር ማረፊያ

аэрапорт

ማማ

вежа

መንገደኛ

пасажыр

ማስቀመጫ፣ ማጠራቀሚያ

кантэйнер

ካርቶን እቃ ማሸጊያ

кардонная скрыня

ጋሪ፣ ተሳቢ

тачка

ቅርጫት

карзіна

መነሳት/ ማረፍ

ўзляцаць / прызямляцца

ከተማ

горад

መንደር

вёска

የከተማ ማዕከል

цэнтр горада

ቤት

дом

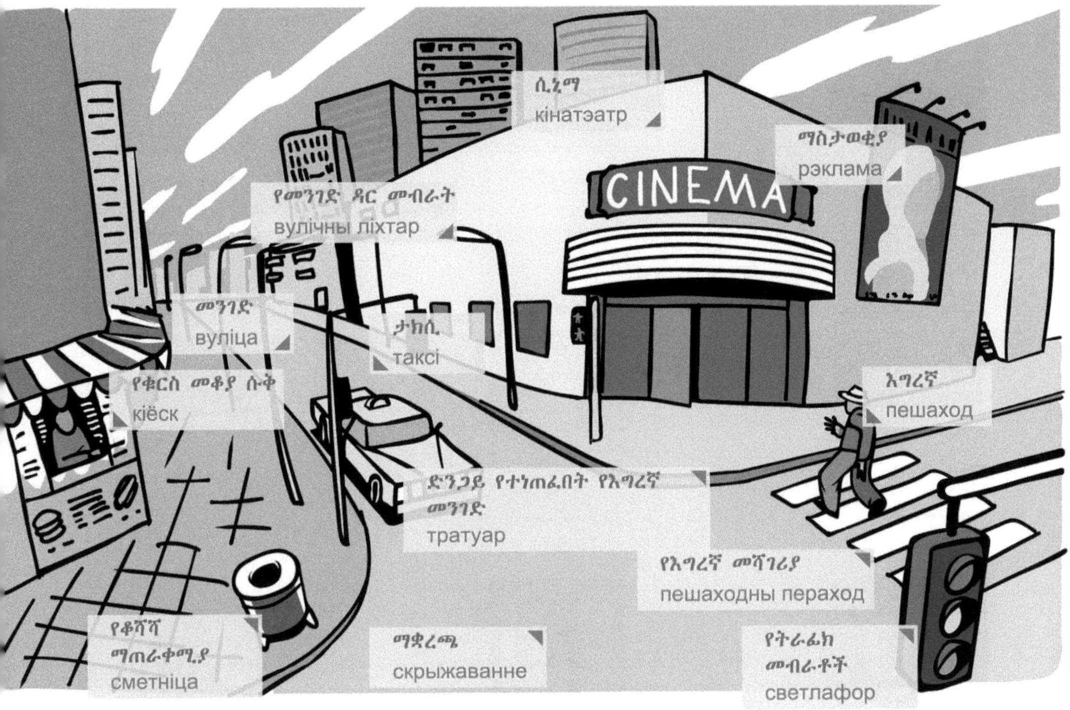
ሲኒማ
кінатэатр
ማስታወቂያ
рэклама
CINEMA
የመንገድ ዳር መብራት
вулічны ліхтар
መንገድ
вуліца
ታክሲ
таксі
የቁርስ መቆያ ሱቅ
кіёск
እግረኛ
пешаход
ድንጋይ የተነጠፈበት የእግረኛ መንገድ
тратуар
የእግረኛ መሻገሪያ
пешаходны пераход
የቆሻሻ ማጠራቀሚያ
сметніца
ማቋረጫ
скрыжаванне
የትራፊክ መብራቶች
светлафор

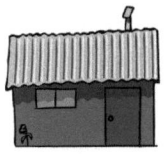

ጎጆ

халупа

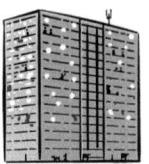

አፓርታማ

кватэра

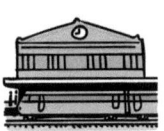

የባቡር ጣቢያ

чыгуначная станцыя

የከተማ አዳራሽ

ратуша

MUSEUM

ቤተ መዘክር

музей

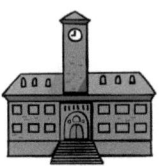

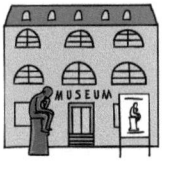

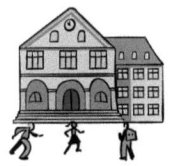

ትምህርት ቤት

школа

ዩኒቨርስቲ

універсітэт

ባንክ

банк

ሆስፒታል

шпіталь

ሆቴል

гатэль

መድሐኒት ቤት

аптэка

ቢሮ

офіс

መጽሐፍ መሸጫ

кнігарня

ሱቅ

крама

የአበባ መሸጫ

кветкавая крама

የሸቀጣ ሸቀጥ መደብር

супермаркет

ገበያ ስፍራ

кірмаш

መደብር

універмаг

የዓሳ ነጋዴ

рыбная крама

የገበያ ማዕከል

гандлевы цэнтр

ወደብ

порт

መናፈሻ ቦታ
парк

አግዳሚ ወንበር
лава

ድልድይ
мост

ደረጃዎች
лесвіца

ዉስጥ ለዉስጥ
метро

ዋሻ
тунэль

የአዉቶቡስ ፌርማታ
прыпынак

ባር
бар

ምግብ ቤት
рэстаран

የፖስታ ሳጥን
паштовая скрыня

የመንገድ ምልክት
вулічны паказальнік

የመኪና ማቆሚያ ሒሳብ የሚያሰላ
ማሽን
паркамат

የደር እንስሳት ማቆያ
заапарк

የመዋኛ ገንዳ
басейн

መስጊድ
мячэць

እርሻ

сядзіба

የሚበክል ነገር

забруджванне
навакольнага асяроддзя

መቃብር ስፍራ

могілкі

ቤተ ክርስቲያን

царква

መጫወቻ ሜዳ

пляцоўка для гульні

ቤተ መቅደስ

храм

መልከዓምድር

краявід

ቅጠል
ліст

የመንገድ ላይ ምልክት
паказальнік

መንገድ
дарога

አረንጓዴ መስክ
луг

ድንጋይ
камень

ዛፍ
дрэва

በእግሩ የሚጓዝ
падарожнік

ወንዝ
рака

ሣር
трава

አበባ
кветка

ሸለቆ

дал__

ኮረብታ

гара

ሀይቅ

возера

ጫካ

лес

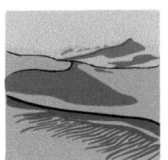

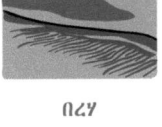

በረሃ

пустыня

እሳተ ገሞራ

вулкан

ግምብ

замак

ቀስተ ዳመና

вясёлка

እንጉዳይ

грыб

የቴምብር ዛፍ/ ዘንባባ

пальма

ቢንቢ/ የወባ ትንኝ

камар

በራሪ

муха

ጉንዳን

мурашка

ንብ

пчала

ሸረሪት

павук

ጢንዚዛ

жук

እንቁራሪት

жаба

ሽኮኮ

вавёрка

ጃርት

вожык

ጥንቸል

заяц

ጉጉት ወፍ

сава

ወፍ

птушка

የዉሃ ዳክዬ

лебедзь

ክርክሮ

дзік

ኣጋዘን

алень

ኣጋዘን

лось

ግድብ

плаціна

በነፋስ የሚሽከረከር

вятрак

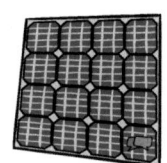

የፀሀይ ፓኔሎ

сонечная батарэя

ኣየር ንብረት

клімат

ምግብ ቤት

рэстаран

አስተናጋጅ
афіцыянт
ማዉጫ
меню
ወንበር
крэсла
ሾርባ
суп
ፒዛ
піца
መክተፊያ
сталовыя прыборы
የጠረጴዛ ጨርቅ
абрус

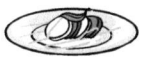

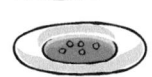

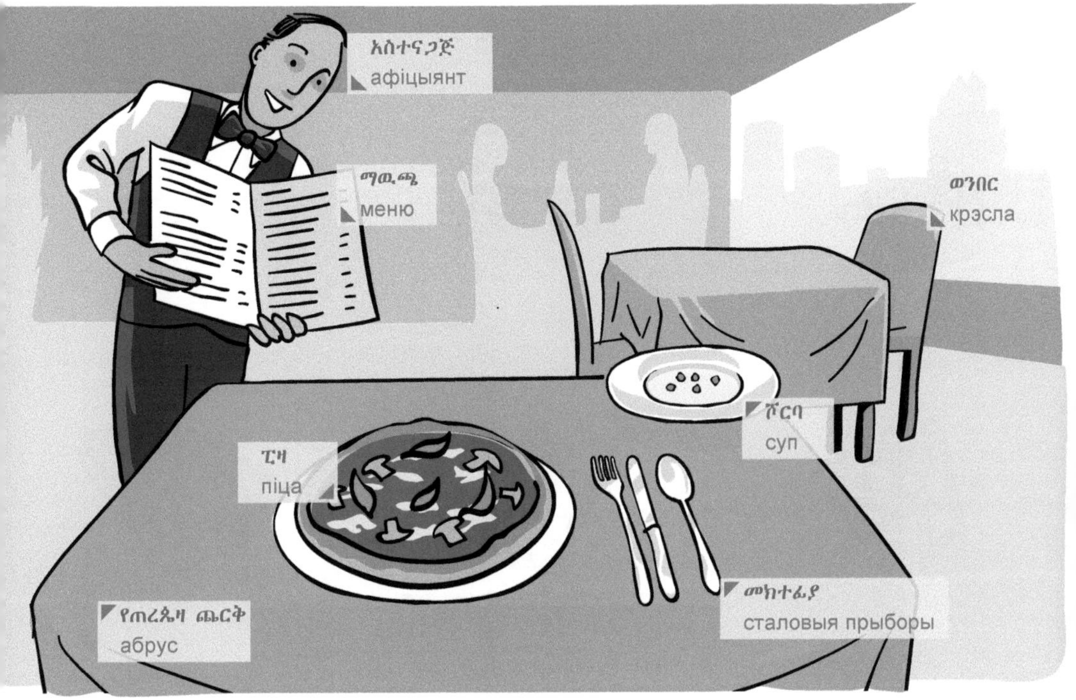

የምግብ ፍላጎትን የሚከፍት ምግብ

закуска

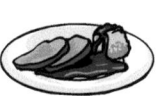

ዋና ምግብ

другая страва

ማጣጣሚያ ተከታይ ምግብ

дэсерт

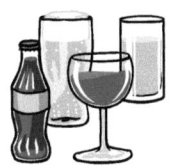

መጠጦች

напоі

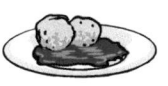

ምግብ

ежа

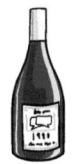

ጠርሙስ

бутэлька

ፈጣን ምግብ
....
хуткае харчаванне (фаст-
фуд)

የመንገድ ምግብ
....
стрыт-фуд

የሻይ ማንቆርቆሪያ
....
імбрык (чайнік)

የስኳር እቃ
....
цукарніца

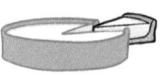

ድርሻ
....
порцыя

የቡና ማፈያ ማሽን
....
эспрэса-машына

ባለጌ ወንበር
....
дзіцячае крэселка

የክፍያ ደረሰኝ
....
рахунак

ትሪ
....
паднос

ቢላዋ
....
нож

ሹካ
....
відэлец

ማንኪያ
....
лыжка

የሻይ ማንኪያ
....
чайная лыжка

ልብስ ምግብ እንዳይነካ የሚሪዳ
ጨርቅ
....
сурвэтка

ብርጭቆ
....
шклянка

ዝርግ ሰሀን

талерка

የሾርባ ጎድጓዳ ሰሀን

супавая талерка

የስኒ ማስቀመጫ

сподак

ማጣፈጫ ስጎ

соус

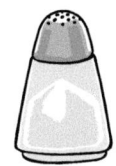

የጨዉ እቃ

сальніца

የተፈጨ ቃሪያ

млынок для перцу

ኮምጣጤ

воцат

የምግብ ዘይት

алей

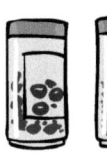

ቀመማ ቅመሞች

спецыі

የቲማቲም ድልህ

кетчуп

ሰናፍጭ

гарчыца

ማዮኔዝ

маянэз

የሸቀጣ ሸቀጥ መደብር

супермаркет

ልዩ አቅራቦት
акцыя
FOR
ደምበኛ
пакупнік
የወተት ተዋፅዖ
малочныя прадукты
ፍራፍሬ
садавіна
ባለ ጎማ የእጅ ጋሪ
вазок

BUTCHERS

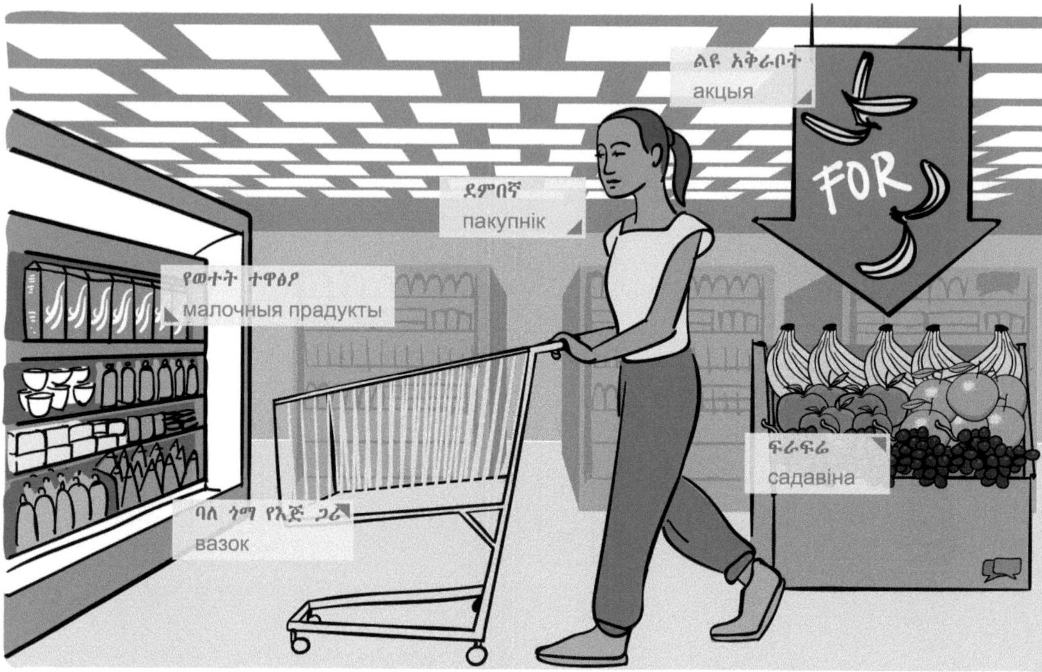

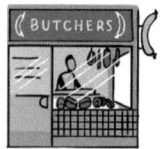

ሉካንዳ ነጋዴ

мясная крама

BAKERY

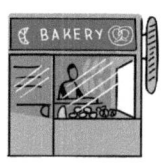

መጋገርያ

хлебны магазін

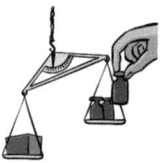

ክብደት መመዘን

важыць

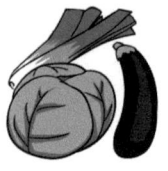

ቅጠላ ቅጠል አትክልት

гароднiна

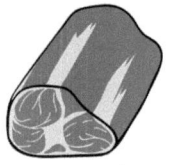

ስጋ

мяса

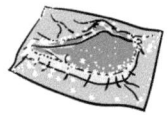

የቀዘቀዘ/የረጋ ምግብ

свежазамарожаныя прадукты

ቀዝቃዛ ቁራጭ

нарэзка

የታሸገ ምግብ

кансервы

የማጠቢያ ዱቄት

пральны парашок

ጣፋጮች

прысмакі

የቤት ዕቃ ዕቃዎች

хатнія прылады

የፅዳት ምርቶች

чысцячы сродак

የሽያጭ ባለሙያ

прадавец

የገንዘብ መመዝቢያ ማሽን

каса

የሒሳብ ሰራተኛ

касір

የግዢ ዝርዝር

спіс пакупак

ክፍት ሰዓታት

гадзіны працы

የኪስ ቦርሳ

бумажнік

ክሬዲት ካርድ

крэдытная картка

ቦርሳ

сумка

የፕላስቲክ ቦርሳ

пакет

напоі

ውሃ
......
вада

ጭማቂ
......
сок

ወተት
......
малако

ኮካ-ኮላ
......
кола

ወይን
......
віно

ቢራ
......
піва

አልኮል
......
алкаголь

ኮካ
......
какава

ሻይ
......
гарбата (чай)

ቡና
......
кава

የተፈላ ቡና
......
эспрэса

ካፑቺኖ
......
капучына

መዝ

банан

ፖም

яблык

ብርቱካን

апельсін

ሀብሀብ

дыня

ሎሚ

лімон

ካሮት

морква

ነጭ ሽንኩርት

часнок

ሽምበቆ

бамбук

ቀይ ሽንኩርት

цыбуля

እንጉዳይ

грыб

ለውዝ

арэхі

የህፃናት ምግብ

локшына

ፓስታ

спагеці

ሩዝ

рыс

ሰላጣ

салата

የድንች ጥብስ

бульба фры

ድንች ጥብስ

смажаная бульба

ፒዛ

піца

ዳቦ ዉስጥ በስሱ ተጠብሶ የገባ ስጋ

гамбургер

ሳንድዊች

бутэрброд

ጥሬ ስጋ

шніцаль

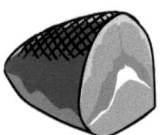

የአሳማ ስጋ

вяндліна

በቅመምና በጨዉ የታሸ ምግብ ቀዝቀዞ የሚበላ ሸርባ ምግብ

салямі

ቋሊማ

каўбаса

ዶሮ

курыца

ጥብስ

смажаніна

አሳ

рыбак

የአጃ ገንፎ
....
аўсяныя камякі

ከወተት ጋር ተደባልቀዉ የሚበሉ
¨ምግቦች¨
мюслі

የበቆሎ ቅርፊት
....
кукурузныя шматкі

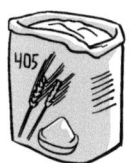

ዱቄት
....
мука

ኩራሳ
....
круасан

ድብልብል ዳቦ
....
булачка

ዳቦ
....
хлеб

መጥበስ
....
тост

ብስኩት
....
пячэнне

ቅቤ
....
масла

እርጎ
....
тварог

ኬክ
....
пірог

እንቁላል
....
яйка

እንቁላል ጥብስ
....
яечня

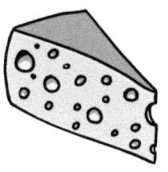

አይብ
....
сыр

የበረዶ ክሬም
....
марожанае

ስኳር
....
цукар

ር
....
мёд

ር ላት
....
варэнне

የተናጠ የወተት ክሬም
....
нуга

ጣፈጫ
....
кары

የገበሬ ቤት
хата

የእህልና የከብት ማቆሚያ ቤት
хлеў

ፈረስ
конь

የጭድ ክምር
цюк саломы

ሜዳ
поле

ተሳቢ መኪና
прычэп

የፈረስ ዉርንጭላ
жарабя

የእርሻ መኪና
трактар

አህያ
асёл

በግ
авечка

የበግ ጠቦት
ягня

ፍየል

каза

ላም

карова

ጥጃ

цяля

አሳማ

свіння

ግልገል አሳማ

парася

ኮርማ

бык

ዝይ

гусак

ዳክዬ

качка

የዶሮ ጫጩት

кураня

ዶሮ

курыца

አውራ ዶሮ

певень

አይጥ

пацук

ደድመት

кот

አይጥ

мыш

በሬ

вол

ውሻ

сабака

የውሻ ቤት

сабачая будка

የአትክልት ቦታ

садовы шланг

ውሃ ማጠጫ ባልዲ

палівачка

ረጅም ማጭድ

каса

ማረሻ

плуг

ማጭድ
....
серп

መኮትኮቻ
....
матыка

የእህል መንሽ
....
вілы для гною

መጥረቢያ
....
сякера

ኩርኩር/ የእጅ ጋሪ
....
тачка

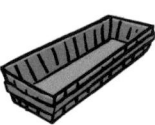

ገንዳ
....
карыта

የወተት ዕቃ
....
бітон для малака

ጆንያ ከረጢት
....
мех

አጥር
....
плот

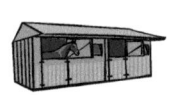

የፈረስ ጋጣ
....
хлеў

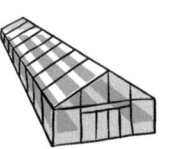

ዕፅዋት ማሳደጊያ የመስታዉት
......ቤት......
цяпліца

አፈር
....
глеба

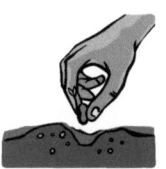

ዘር
....
насенне

የመሬት ማዳበሪያ
....
угнаенне

ጥምር ማረሻ
....
камбайн

እርሻ - сядзіба

አዝመራ መሰብሰብ

збіраць ураджай

አዝመራ

ураджай

ድንች

ямс

ስንዴ

пшаніца

ሶያ

соя

ድንች

бульба

በቆሎ

кукуруза

የከብት መኖ

рапс

የፍሬ ዛፍ

садовае дрэва

የካሳቫ ዛፍ

маніёк

እህል

збожжа

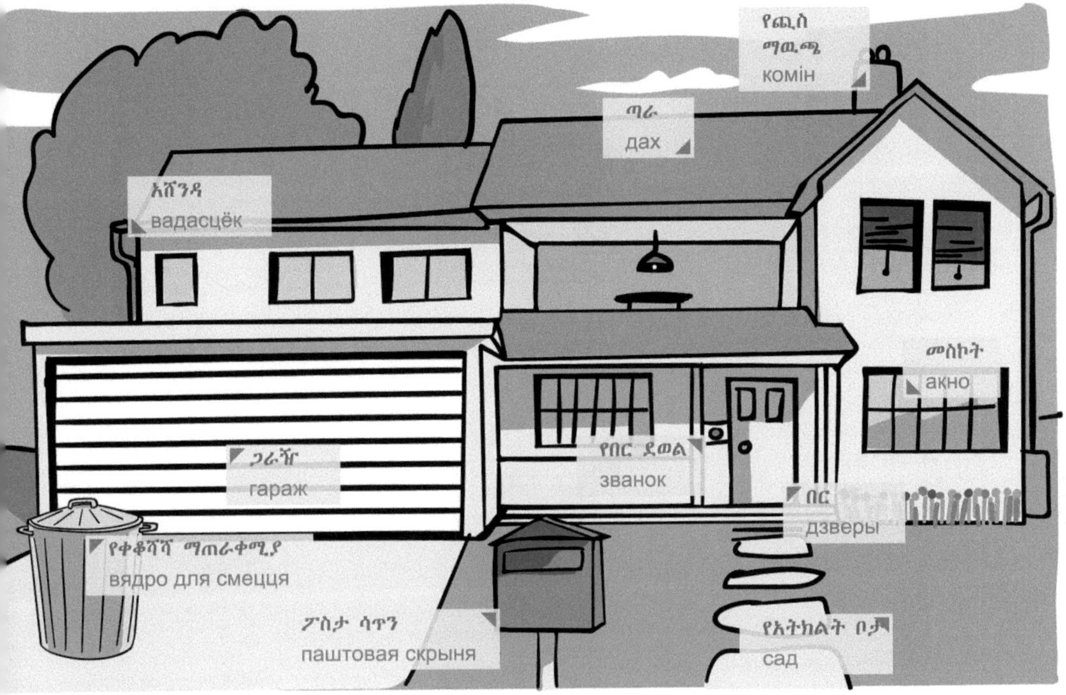

የጭስ ማዉጫ
komін

ጣራ
дах

አሻንዳ
вадасцёк

መስኮት
акно

ጋራዥ
гараж

የበር ደወል
званок

በር
дзверы

የቀቆሻሻ ማጠራቀሚያ
вядро для смецця

ፖስታ ሳጥን
паштовая скрыня

የአትክልት ቦታ
сад

ሳሎን

жылы пакой

መታጠቢያ ቤት

ванная

ማድቤት

кухня

መኝታ ቤት

спальны пакой

የልጅ ክፍል

дзіцячы пакой

መመገቢያ ክፍል

сталоўка

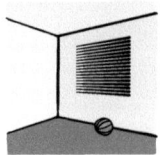

ወለል
....
падлога

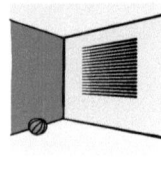

ግድግዳ
....
сцяна

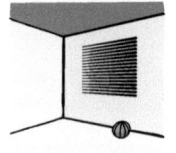

ጣሪያ
....
столь

ምድር ቤት
....
падвал

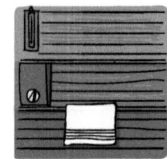

በእንፋሎት ሙቀት መታጠቢያ
....ቤት....
саўна

ሰገነት
....
балкон

ከፍ ያለ መደብ
....
тэраса

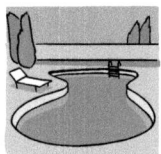

የመዋኛ ገንዳ
....
басейн

የማጨጃ መኪና
....
касілка

አንሶላ
....
падкоўдранік

የአልጋ ልብስ
....
коўдра

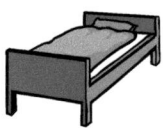

አልጋ
....
ложак

መጥረጊያ
....
венік

ባልዲ
....
вядро

ማብሪያና ማጥፊያ
....
выключальнік

ሳሎን

жылы пакой

የግድግዳ ወረቀት
шпалеры
ፎቶ
малюнак
መብራት
лямпа
መደርደሪያ
паліца
ቁም ሳጥን፣ ካቢኔ
шафа
ቴሌቭዥን
тэлевізар
የእሳት መሞቂያ
камін
አበባ
кветка
ትራስ
падушка
ሶፋ
канапа
የአበባ ማስቀመጫ
ваза
ሪሞት ኮንትሮል
пульт

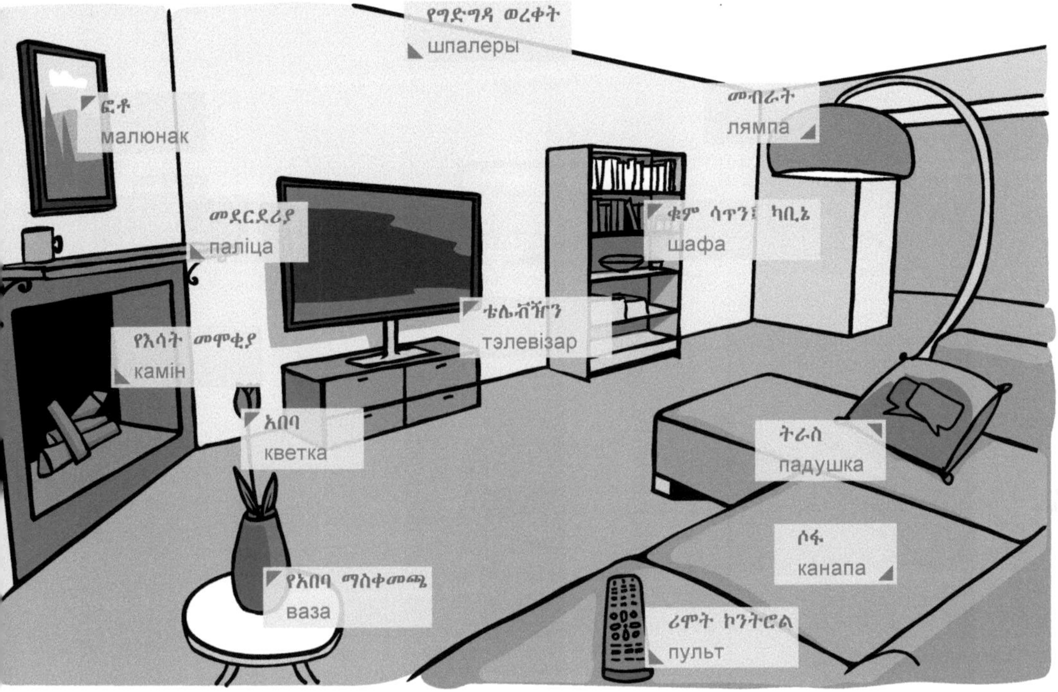

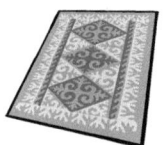

ንጣፍ
....
дыван

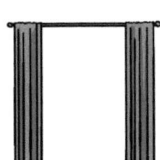

መጋረጃ
....
фіранка

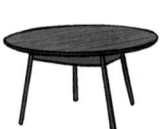

ጠረጴዛ
....
стол

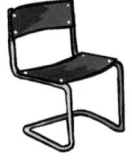

ወንበር
....
крэсла

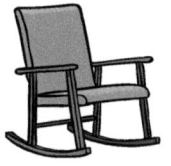

ተወዛዋዥ ወንበር
....
крэсла-качалка

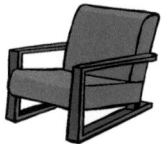

ባለመደገፊያ ወንበር
....
крэсла

መጽሐፍ
....
кніга

ብርድ ልብስ
....
коўдра

ጌጥ
....
дэкарацыя

ማገዶ
....
дровы

ፊልም
....
кіно

የሙዚቃ መማጫወጃ
....
стэрэасістэма

ቁልፍ
....
ключ

ጋዜጣ
....
газета

ስዕል
....
карціна

የተለጠፈ ማስታወቂያ እንደ ስዕል
....
постар

ራዲዮ
....
радыё

ማስታወሻ ደብተር
....
нататнік

የአየር ማፅጃ ለምንጣፍ
....
пыласос

ቁልቁል
....
кактус

ሻማ
....
свечка

ማድቤት

кухня

ማቀዝቀዣ
халадзільнік
ማይክሮዌቭ ምግብ ማብሰያ
мікрахвалёвая печ
የኩሽና መመዘኛ ሚዛን
кухонныя шалі
ዳቦ መጥበሻ
тостар
ንፁህ ማድረጊያ
мыйны сродак
ምድጃ
духоўка
ማቀዝቀዣ
маразілка
የቆሻሻ ማጠራቀሚያ
вядро для смецця
እቃ ማጠቢያ
посудамыйная машына

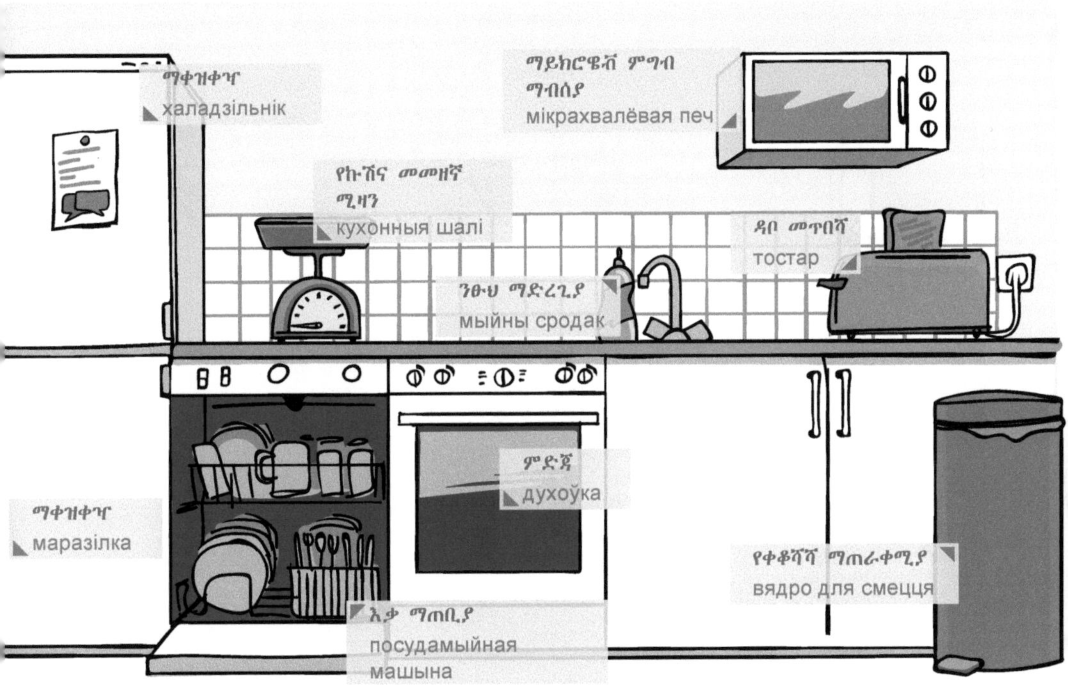

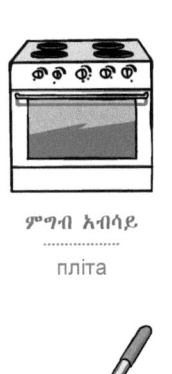

ምግብ አብሳይ

пліта

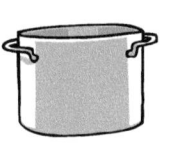

ማሰሮ

рондаль

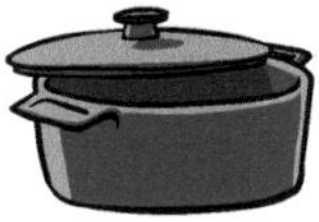

የብረት ማሰሮ

чыгунок

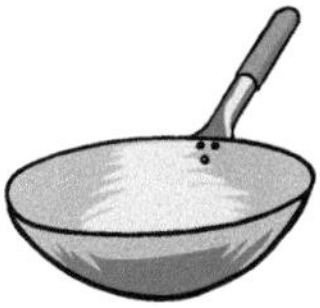

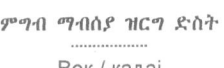

ምግብ ማብሰያ ዝርግ ድስት

Вок / кадаі

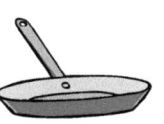

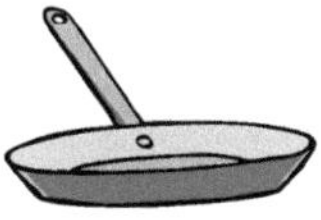

የምግብ መጥበሻ

патэльня

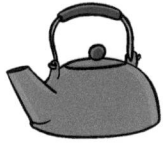

ማንቆርቆሪያ

чайнік

የእንፋሎት ማብሰያ

параварка

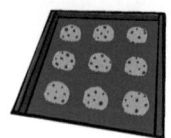

የመጋገሪያ ትሪ

бляха

ሰብሰቦች

посуд

ትልቅ ኩባያ

кубак

ጎድጓዳ ሳህን

міска

ቾፕስቲክስ

палачкі для ежы

ጭልፋ

чарпак

መሰቅሰቂያ ዝርግ ማንኪያ

лапатачка

ማደባለቂያ

збівалка

መወጠሪያ

сіта для варэння

ወንፊት

сіта

መፈርፈሪያ መሳሪያ

тарка

ሲሚንቶ

ступка

የፍም ጥብስ

грыль

የተለቀቀ እሳት

вогнішча

መክተፊያ

дошка

ተንሽራታች መርፌ

качалка

የጠርሙስ መክፈቻ

штопар

ጣሳ

бляшанка

የጣሳ መክፈቻ

адкрывалка

የማሰሮ መሸፈኛ

прыхваткі

ሳህን ማጠቢያ

ракавіна

ብሩሽ

шчотка

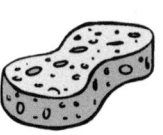

ስፖንጅ

губка

መደባለቂያ መሳሪያ

міксер

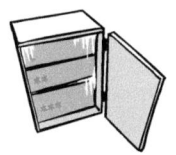

በጣም ማቀዝቀዣ

маразільная камера

ጡጦ

бутэлечка

ቧንቧ

вадаправодны кран

መታጠቢያ ቤት

ванная

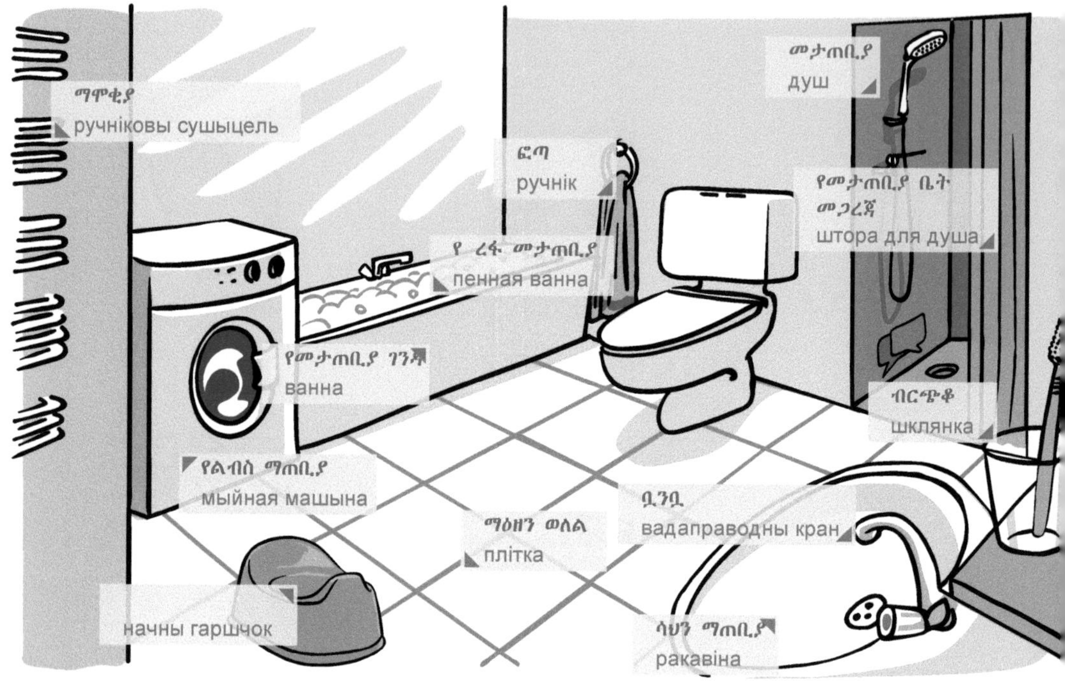

ማሞቂያ
ручніковы сушыцель
ፎጣ
ручнік
መታጠቢያ
душ
የመታጠቢያ ቤት መጋረጃ
штора для душа
የ ረፋ መታጠቢያ
пенная ванна
የመታጠቢያ ገንዳ
ванна
ብርጭቆ
шклянка
የልብስ ማጠቢያ
мыйная машына
ቧንቧ
вадаправодны кран
ማዕዘን ወለል
плітка
начны гаршчок
ሳህን ማጠቢያ
ракавіна

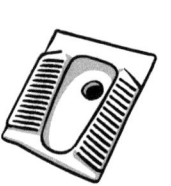

ሽንት ቤት

туалет

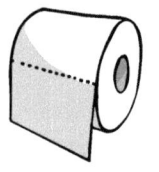

የሽንት ቤት መቀመጫ

падлогавы ўнітаз

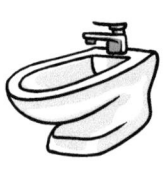

ሳፋ

бідэ

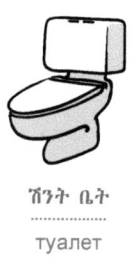

የመንገድ ዳር መሽኛ

пісуар

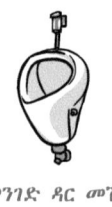

የሽንት ቤት ወረቀት

туалетная папера

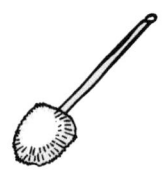

የሽንት ቤት ማፅጃ ብሩሽ

шчотка для чысткі ўнітаза

የጥርስ ብሩሽ

зубная шчотка

የጥርስ ሳሙና

зубная паста

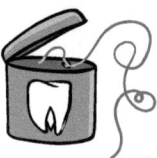

የጥርስ ማፅጃ ክር

зубная нітка

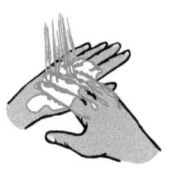

መታጠብ

мыць

የእጅ መታጠቢያ

ручны душ

መታጠቢያ

інтымны душ

ጎድጓዳ ሳህን

умывальнік

የጀርባ ብሩሽ

шчотка для спіны

ሳሙና

мыла

መታጠቢያ የሚዝለገለግ ሳሙና

гель для душа

የፀጉር መታጠቢያ ሳሙና

шампунь

ለስላሳ ጨርቅ

вяхотка

ፍሳሽ

вадасцёк

ክሬም

крэм

ጠረን መቆየሪያ ንጥረ ነገር

дэзадарант

መስታወት
ლюстэрка

የእጅ መስታወት
касметычнае люстэрка

ላጭ
станок для галення

የመላጫ አረፋ
пена для галення

ከመላጨት በኋላ የሚቀባ ሽቱ
ласьён пасля галення

ማበጠሪያ
грэбень

ብሩሽ
шчотка

የፀጉር ማድረቂያ
фен

በፀጉር ላይ የሚነፉ
лак для валасоў

የፊት መቀባቢያ
касметыка

የከንፈር ቀለ
памада

የጥፍር ቀለ
лак для пазногцяў

የጥጥ ሱፍ
вата

ጥፍር መቁረጫ
манікюрныя нажніцы

ሽቶ
духі

ማጠቢያ ባልዲ
....
касметычка

ቀ ጫ
....
табурэтка

ሚዛን
....
вагі

የ ታጠቢያ ልብስ
....
лазневы халат

የላስቲክ ጓንት
....
санітарныя пальчаткі

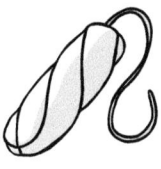

ሞዴስ
....
тампон

የፅዳት ፎጣ
....
гігіенічныя пракладкі

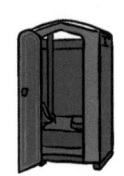

የሽንት ቤት ኬሚካል
....
біятуалет

የልጅ ክፍል

дзіцячы пакой

የማንቂያ ደዉል ሰዐት
будзільнік
የህፃን አሻንጉሊት
мяккая цацка
የመጫወቻ መኪና
цацачная машынка
ማንገጫገጫ
መጫወቻ
бразготка
የአሻንጉሊት ቤት
лялечны домік
ስጦታ
падарунак

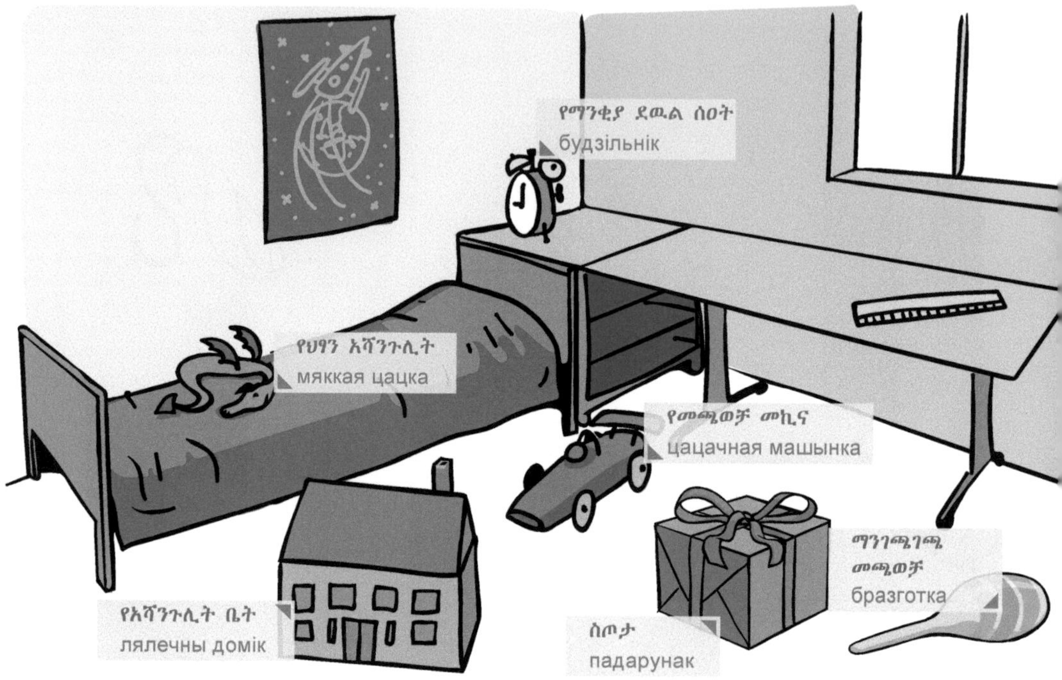

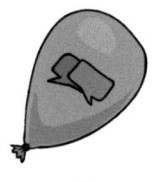

ፊኛ

надзіманы шарык

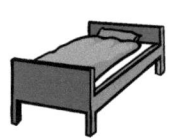

አልጋ

ложак

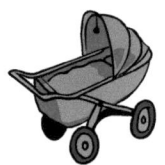

የህፃን ማንሸራሸሪያ ጋሪ

дзіцячая каляска

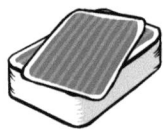

የካርታ መጫወቻ

калода картаў

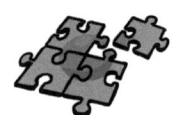

ቁርጥራጭ ምስሎችን የማገጣጠም
እና ምስል የማግኘት ጨዋታ

пазл

SUPER MEGA

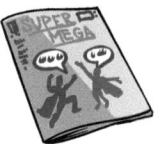

አዝናኝ

комікс

ተገጣጣሚ መጫወቻ

канструктар "Лега"

የመጫወቻ መገጣጠሚያዎች

канструктар

የድርጊት ምስል

экшэн-фігурка

የህፃን እድገት

дзіцячы гарнітур

የፕላስቲክ መጫወቻ ዝርግ ሰህን

фрызбі

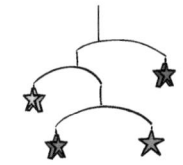

ተወዛዋዥ የህፃን ማጫወቻ

дзіцячы мабіль

የሰሌዳ ጨዋታ

настольная гульня

የመጫወቻ ጠጠር

кубік

የመጫወቻ ባቡር

дзіцячая чыгунка

የእንጀራ እናት ጡጦ

пустышка

ድግስ

дзіцячае свята

የስዕል መፅሀፍ

кніга з малюнкамі

ኳስ

мячык

አሻንጉሊት

лялька

መጫወት

гуляцца

የአሸዋ መጫወቻ
....
пясочніца

ጥዋጥዌ
....
арэлі

መጫወቻዎች
....
цацкі

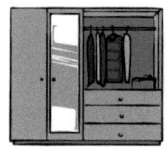

የቪዲዮ መጫወቻ
....
гульнявая відэа прыстаўка

ባለ ሶስት ጎማ ብስክሌት
....
трохколавы ровар

የአሻንጉሊት ድብ
....
плюшавы мішка

ቀምሳጥን
....
шафа

አልባሳት

адзенне

ካልሲዎች
....
шкарпэткі

ስቶኪንጎች
....
панчохі

ታይት
....
калготкі

የአንገት ልብስ
шалік

ቀበቶ
рамень

ግንጥላ
парасон

ክናቴራ
цішотка

ስኒከሮች
красоўкі

ቡቲ
боты

የቤት ዉስጥ ነጠላ ጫማ
пантоплі

ነጠላ ጫማዎች
сандалі

ጫማዎች
абутак

የጎማብ ቡትስ
гумовыя боты

ሙታንታ
трусы

ጡት መያዣ
бюстгальтар

ሰደርያ
майка

ሰዉነት

бодзі

ሱሪዎች

штаны

ጅንስ

джынсы

ጉርድ ቀሚስ

спадніца

ሽሚዝ

блузка

ሽሚዝ

кашуля

የሚጠለቅ ሹራብ

джэмпер

ሹራብ

талстоўка

ዪኔፎርም ጃኬት

блэйзер

ጃኬት

куртка

ኮት

паліто

የዝናብ ኮት

дажджавік

ልብስ

касцюм

ቀሚስ

сукенка

የሙሽራ ቀሚስ

вясельная сукенка

ሱፍ
....
касцюм

የለሊት ልብስ
....
начная сарочка

የለሊት ልብስ
....
піжама

ረጅም ቀሚስ
....
сары

ሂጃብ
....
хустка

ጥምጣም
....
цюрбан

ቡርቃ
....
паранджа

ሸርጥ
....
каптан

አባያ
....
Абая

የዋና ልብስ
....
купальнік

አጭር ቁምጣ
....
плаўкі

ቁምጣዎች
....
шорты

የስራ ቱታ
....
спартыўны касцюм

ሸርጥ
....
фартух

ጓንት
....
пальчаткі

ቁልፍ

гузік

መነፅር

акуляры

አምባር

бранзалет

የአንገት ሀብል

каралі

ቀለበት

кальцо

የጆሮ ጌጥ

завушніца

ኮፍያ

кепка

የኮት መስቀያ

вешалка

ኮፍያ

капялюш

ከረባት

гальштук

ዚፕ

маланка

የብረት ቆብ

шлем

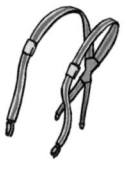

መደገፊያ

падцяжкі

የትምህርት ቤት የደንብ ልብስ

школьная форма

የደንብ ልብስ

уніформа

መሀረብ
....
нагруднік

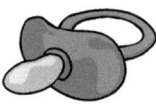

የእንጀራ እናት ጡጦ
....
пустышка

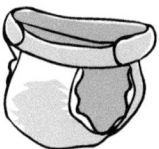

ሽንት ጨርቅ
....
падгузнік

ማስራጪ ጣቢያ
сервер

የፋይል መደርደሪያ ካቢኔ
канцылярская шафа

የህትመት መሳሪያ
прынтэр

መቆጣጠሪያ
манітор

ወረቀት
папера

ማዉዝ
мыш

መፃፊያ ጠረጴዛ
пісьмовы стол

ማህደር
тэчка

የመፃፊ ቁልፎች
клавіятура

የቆሻሻ ወረቀት መጣያ ቅርጫት
смеццевы кошык

ኮምፒዉተር
кампутар

ወንበር
крэсла

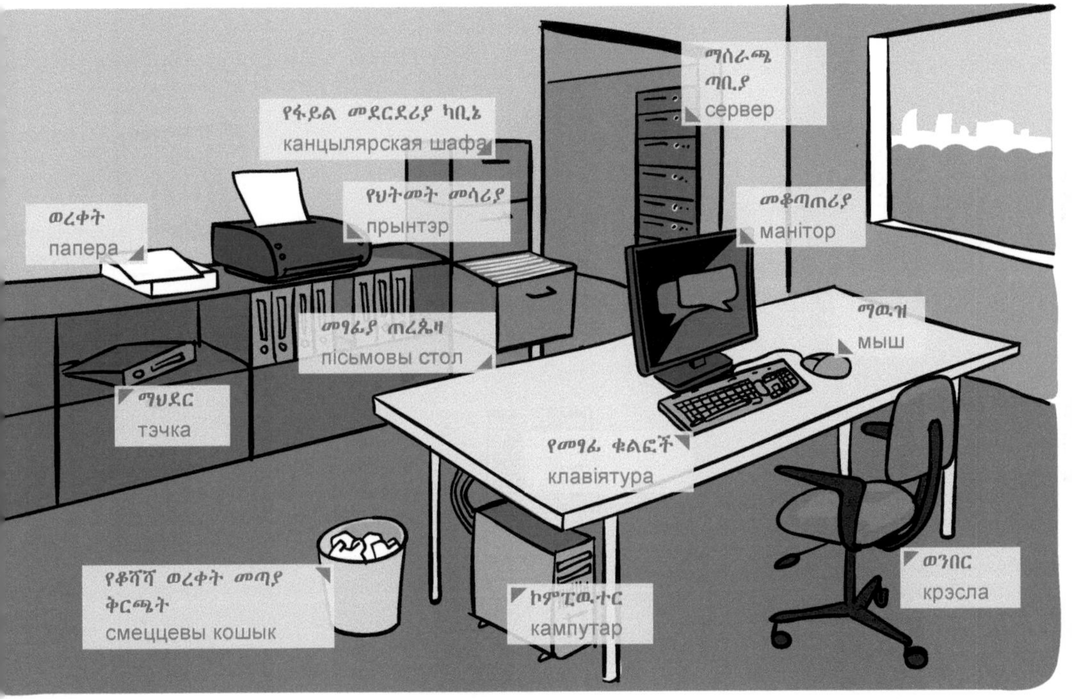

የቡና መጠጫ ትልቅ ኩባያ
....
...убак для кавы (філіжанка)

ማስልያ ማሽን
....
калькулятар

ኢንተርኔት
....
інтэрнэт

ላፕቶፕ

ноўтбук

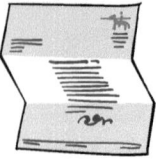

ደብዳቤ

ліст

መልዕክት

паведамленне

ተንቀሳቃሽ ስልክ

мабільны тэлефон

የግንኙነት አዉታር

сетка

ማባዣ ማሽን

ксеракс

ሶፍትዌር

праграмнае забеспячэнне

ስልክ

тэлефон

የግድግዳ ሶኬት

разетка

የፋክስ ማሽን

факс

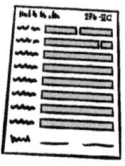

ቅፅ

фармуляр

ሰነድ

дакумент

መግዛት
....
купляць

መክፈል
....
плаціць

መነገድ
....
гандляваць

ገንዘብ
....
грошы

ዶላር
....
долар

ዩሮ
....
еўра

የን
....
ена

ሩብል
....
рубель

የስዊዝ ፍራንክ
....
франк

ራንሚንቢ. ዩዋን
....
кітайскі юань

ሩጲ.
....
рупія

የገንዘብ ነጥብ
....
банкамат

የዉጭ ገንዘብ ምንዛሪ ቢሮ

абменны пункт

ወርቅ

золата

ብር

срэбра

ዘይት

нафта

ሀይል፤ ጉልበት

энергія

ዋጋ

цана

ግንኙነት

кантракт

ቀረጥ

падатак

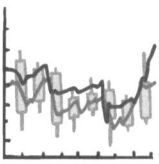

አክስዮን

акцыя

መስራት

працаваць

ተቀጣሪ

служачы

ቀጣሪ

працадаўца

ፋብሪካ

фабрыка

ሱቅ

крама

прафесіі

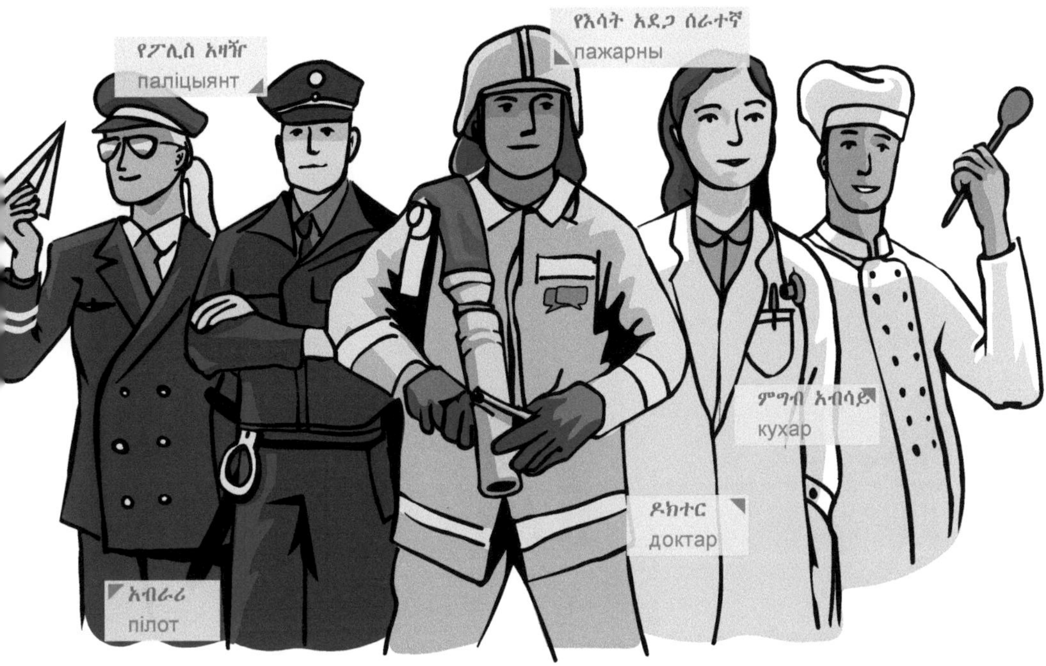
የፖሊስ አዛዥ
паліцыянт
የእሳት አደጋ ሰራተኛ
пажарны
ምግብ አብሳይ
кухар
ዶክተር
доктар
አብራሪ
пілот

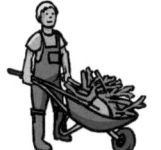

አትክልተኛ

садоўнік

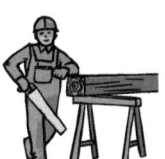

አናጢ

слесар

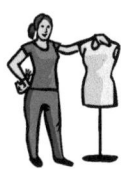

ልብስ ሰፊ ሴት

швачка

ዳኛ

суддзя

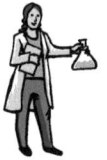

ቀማሚ

хімік

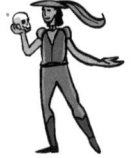

ተዋናይ

артыст

የአዉቶቢስ ሹፌር

kіроўца аўтобуса

የታክሲ ሹፌር

таксіст

አሳ አጥማጅ

рыбак

ፅዳት ሰራተኛ

прыбіральшчыца

የጣራ ሰራተኛ

страхар

አስተናጋጅ

афіцыянт

አዳኝ

паляўнічы

ሰዓሊ

мастак

ጋጋሪ

пекар

የኤሌትሪክ ሰራተኛ

электрык

ገምቢ

будаўнік

መሃሃዲስ

інжынер

ልኳንዳ

мяснік

የቧንቧ ሰራተኛ

сантэхнік

የፖስታ ሰራተኛ

паштальён

የስራ ሙያዎች - прафесіі

ወታደር

салдат

መሃንዲስ

архітэктар

የሒሳብ ሰራተኛ

касір

አበባ ሻጭ

фларыст

የፀጉር ሰራተኛ

цырульнік

ቲኬት ቆራጭ

кандуктар

መካኒክ

механік

ካፒቴን

капітан

የጥርስ ሐኪም

стаматолаг

ተመራማሪ

вучоны

መምህር

рабін

የሙስሊም ሃይማኖታዊ መሪ

імам

መነኩሴ

манах

ካህን

святар

መሳሪያዎች

інструменты

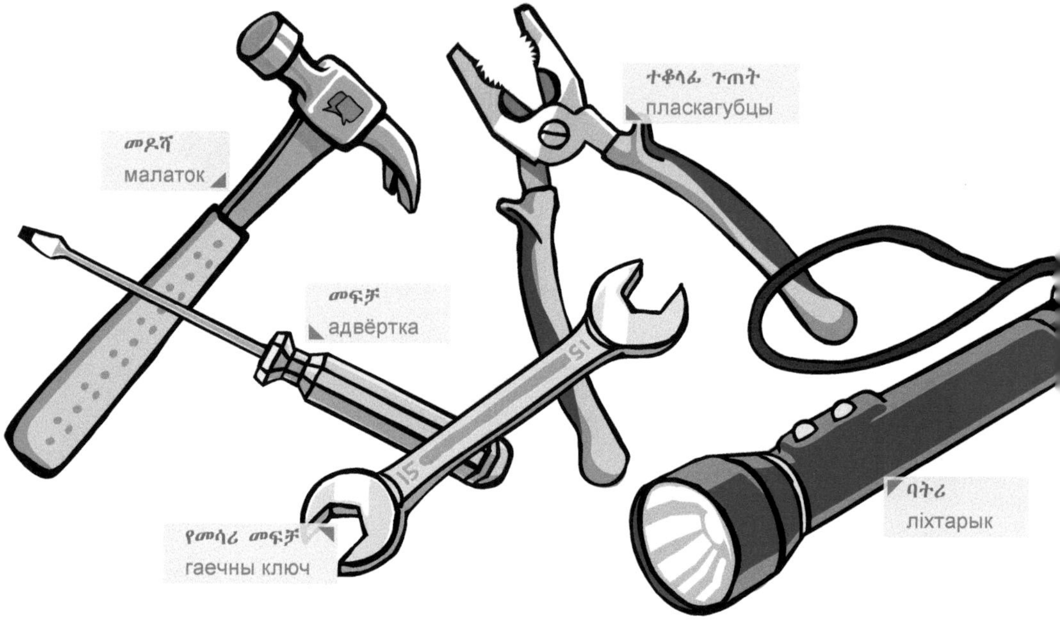
መዶሻ
малаток
ተቆላፊ ጉጠት
пласкагубцы
መፍቻ
адвёртка
የመሳሪ መፍቻ
гаечны ключ
ባትሪ
ліхтарык

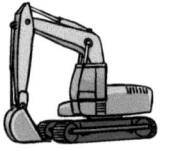

በቁፋሮ የሚዝቅ

экскаватар

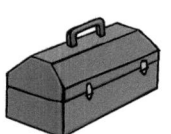

የመፍቻ ሳጥን

скрыня для інструментаў

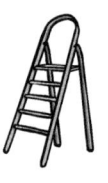

መሰላል

дравіны

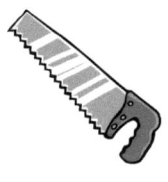

መጋዝ

піла

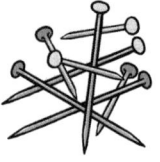

ምስማር

цвікі

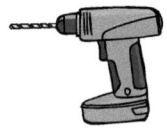

መሰርሰሪያ

дрыль

መጠገን
....
рамантаваць

አካፋ
....
рыдлеўка

የተረገመ!
....
Халера!

ቆሻሻ ማፈሻ
....
шуфлік для смецця

የቀለም ቆርቆሮ
....
вядро з фарбаю

ብሎን
....
балты

የሙዚቃ መሳሪያዎች

музычныя інструменты

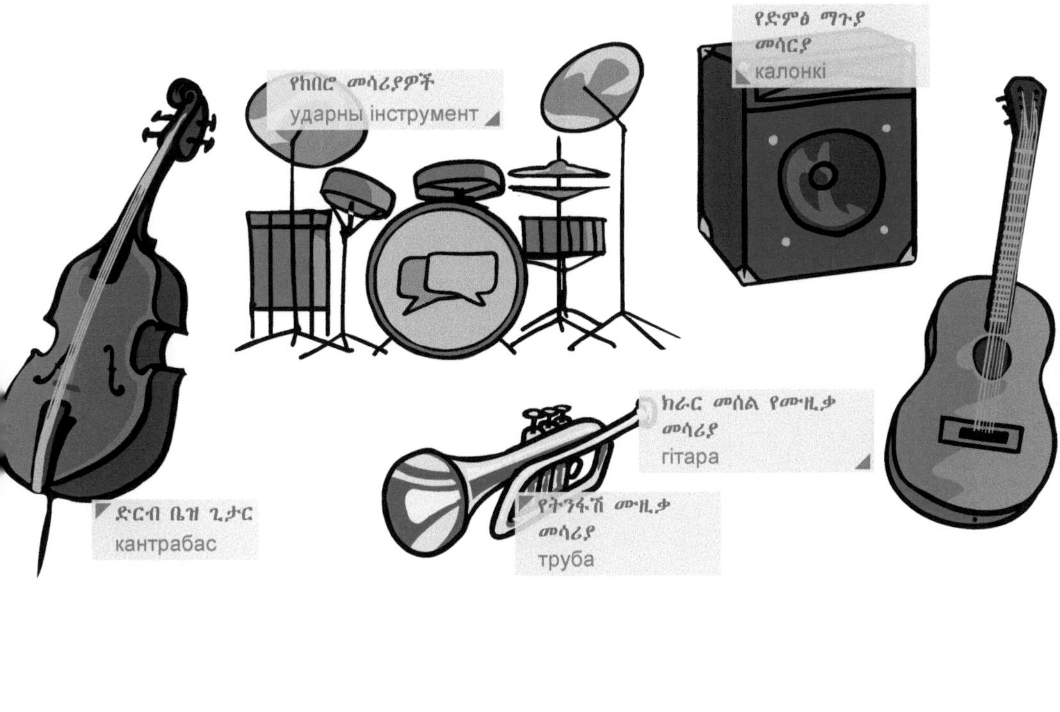

የከበሮ መሳሪያዎች
ударны інструмент

የድምፅ ማጉያ
መሳርያ
калонкі

ክራር መሰል የሙዚቃ
መሳሪያ
гітара

የትንፋሽ ሙዚቃ
መሳሪያ
труба

ድርብ ቤዝ ጊታር
кантрабас

ፒያኖ

піяніна

ቫዮሊን

скрыпка

ወፍራም፤ ጎርናና ድምፅ ያለዉ ክራር መሰል ሙዚቃ መሳሪያ

басгітара

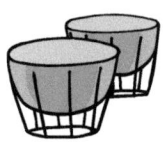

ነጋሪት

літаўры

ከበሮ

барабан

በኤሌክትሪክ የሚሰራ ፒኖ

клавішны электрамузычны інструмент

የትንፋሽ ሙዚቃ መሳሪያ

саксафон

ዋሽንት

флейта

የድምፅ ማጉያ

мікрафон

ነብር
тыгр

መግቢያ
уваход

ሳጥን
клетка

የሜዳ አህያ
зебра

የእንስሳ ምግብ
корм для жывёл

ትልቅ ድብ
панда

እንስሳቶች

жывёлы

ዝሆን

слон

ካንጋሮ

кенгуру

አዉራሪስ

насарог

ትልቅ ዝንጀሮ

гарыла

ድብ

мядзведзь

ግመል

вярблюд

ሰጎን

стравус

አንበሳ

леў

ጦጣ

малпа

ቅልጥም ረጃጅም ወፍ

фламінга

በቀቀን

папугай

የወዋልታ ድብ

белы мядзведзь

የዋልታ ወፎች

пінгвін

ረጅም ጥርሶች ያሉትአሳ ነባሪ

акула

ጣዎስ

паўлін

እባብ

змяя

አዞ

кракадзіл

የዱር አራዊት የሚጠበቁበት ማቆያን የሚጠብቅ

наглядчык заапарка

አሳ በሊታ የባህር እንስሳ

цюлень

የዱር ድመት

ягуар

ድንክ ፈረስ
....
поні

ነብር
....
леапард

ጉማሬ
....
бегемот

ቀጭኔ
....
жыраф

ንስር
....
арол

ከርከሮ
....
дзік

አሳ
....
рыбак

የባህር ኤሊ.
....
чарапаха

የባህር አዉሬ
....
морж

ቀበሮ
....
ліса

የሜዳ ፍየል፤ ሚዳቋ
....
газель

አሜሪካ እግርኳስ
амерыканскі футбол

ስክሌት ስፖርት
веласпорт

ኒስ
тэніс

ቅርጫት ኳስ
баскетбол

ዋና
плаванне

በረዶ ላይ ገና ጨዋታ
хакей з шайбай

ጢ ስፖርት
бокс

እግር ኳስ
футбол

ላበ ኳስ ጨዋታ
бадмінтон

አትሌቲክስ
лёгкая атлетыка

እጅ ኳስ ስፖርት
гандбол

በረዶ መንሸራተት ስፖርት
горныя лыжы

ፈረስ ግልቢያ
пола

መዝለል
скакаць

ማቀፍ
абдымаць

መሳቅ
смяяцца

መራመድ
ісці

መዘመር
спяваць

ህልም ማለም
марыць

መፀለይ
маліцца

መሳም
цалаваць

መፃፍ
пісаць

መሳል
маляваць

ማሳየት
паказваць

መግፋት
націснуць

መስጠት
даваць

መዊሰድ
браць

መያዝ

маць

ማድረግ

выконваць

መሆን

быць

መቆም

стаяць

መሮጥ

бегчы

መሳብ

цягнуць

መወርወር

кідаць

መዉደቅ

падаць

መዋሸት

ляжаць

መጠበቅ

чакаць

መሸከም

насіць

መቀመጥ

сядзець

መልበስ

апранацца

መተኛት

спаць

መንቃት

прачынацца

** መመልከት**
....
глядзець

ማለቀስ
....
плакаць

መጫር
....
лашчыць

ማበጠር
....
прычэсвацца

ማወራት
....
гаварыць

መረዳት
....
разумець

ጥያቄ
....
пытаць

ማዳመጥ
....
чуць

መጠጣት
....
піць

መብላት
....
есці

ማንጋት
....
прыбіраць

ማፍቀር
....
кахаць

ምግብ ማብሰል
....
гатаваць

መንዳት
....
ехаць

መብረር
....
лятаць

መርከብ መንዳት

плаваць пад ветразем

ቁጥሮችን ማስላት

лічыць

ማንበብ

чытаць

መማር

вучыць

መስራት

працаваць

ማግባት

уступаць у шлюб

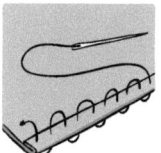

መስፋት

шыць

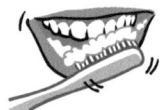

ጥርስ መቦረሽ

чысціць зубы

መግደል

забіваць

ማጨስ

курыць

መላክ

пасылаць

የሴት አያት
бабуля

የወንድ አያት
дзядуля

አባት
бацька

እናት
маці

ህፃን
дзіця

ሴት ልጅ
дачка

ወንድ ልጅ
сын

እንግዳ

госць

አክስት

цётка

አጎት

дзядзька

ወንድም

брат

እህት

сястра

አካል

цела

ግንባር
лоб
አይን
вока
ትከሻ
плячо
ጣት
палец
ፊት
твар
አገጭ
падбародак
እጅ
рука
እግር
нага
ጡት
грудзі
ክንድ
рука

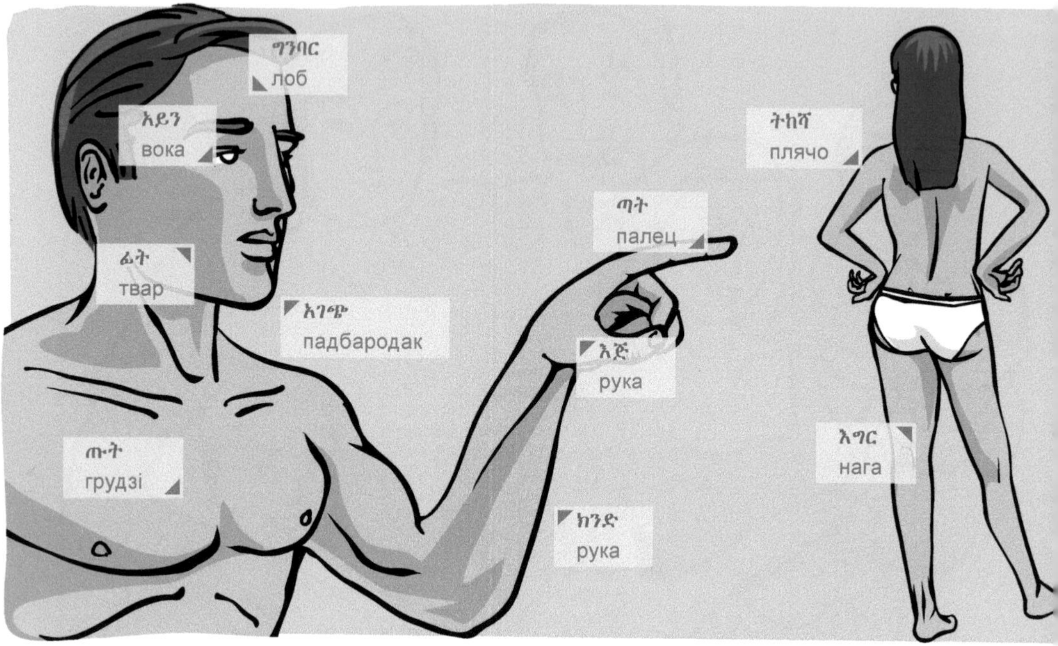

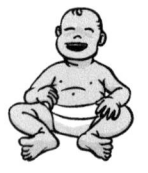

ህፃን

дзіця

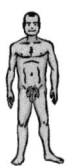

ሰዉ

мужчына

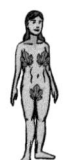

ሴት

жанчына

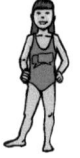

ልጃገረድ

дзяўчынка

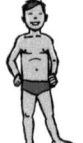

ወንድ ልጅ

хлопчык

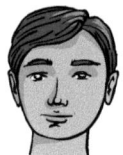

ራስ

галава

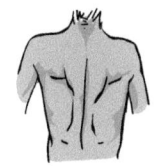

ጀርባ

спіна

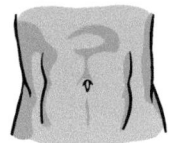

ሆድ

жывот

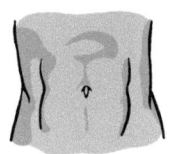

እምብርት

пуп

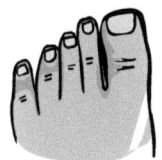

የእግር ጣት

палец нагі

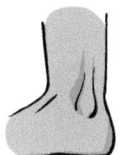

ተረከዝ

пятка

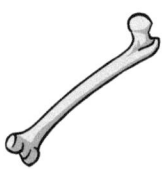

አጥንት

костка

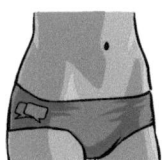

ዳሌ

бядро

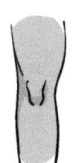

ጉልበት

калена

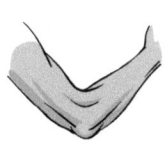

ክርን

локаць

አፍንጫ

нос

ቂጥ

ягадзіца

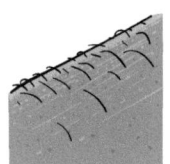

ቆዳ

скура

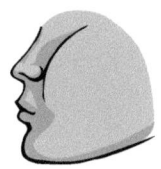

ጉንጭ

шчака

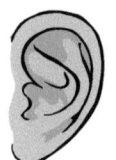

ጆሮ

вуха

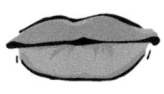

ከንፈር

губа

አካል - цела

69

አፍ
......
рот

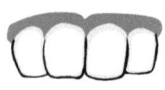

ጥርስ
......
зуб

ምላስ
......
язык

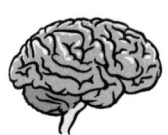

አንጎል
......
галаўны мозг

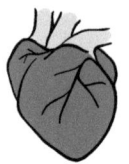

ልብ
......
сэрца

ጡንቻ
......
мышца

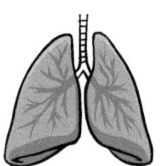

ሳምባ
......
лёгкае

ጉበት
......
пячонка

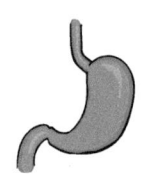

ሆድ
......
страўнік

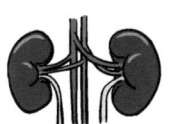

ኩላሊቶች
......
ныркі

የግብረስጋ ግንኙነት
......
сэкс

ኮንዶም
......
прэзерватыў

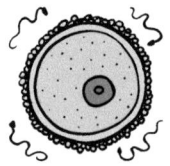

የሴት እንቁላል
......
яйцаклетка

የዘር ፈሳሽ
......
сперма

እርግዝና
......
цяжарнасць

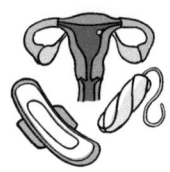

የወር አበባ
....
менструацыя

እምስ
....
похва

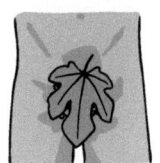

ቁላ
....
пеніс

ቅንድብ
....
брыво

ፀጉር
....
валасы

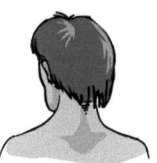

አንገት
....
шыя

ሆስፒታል

шпіталь

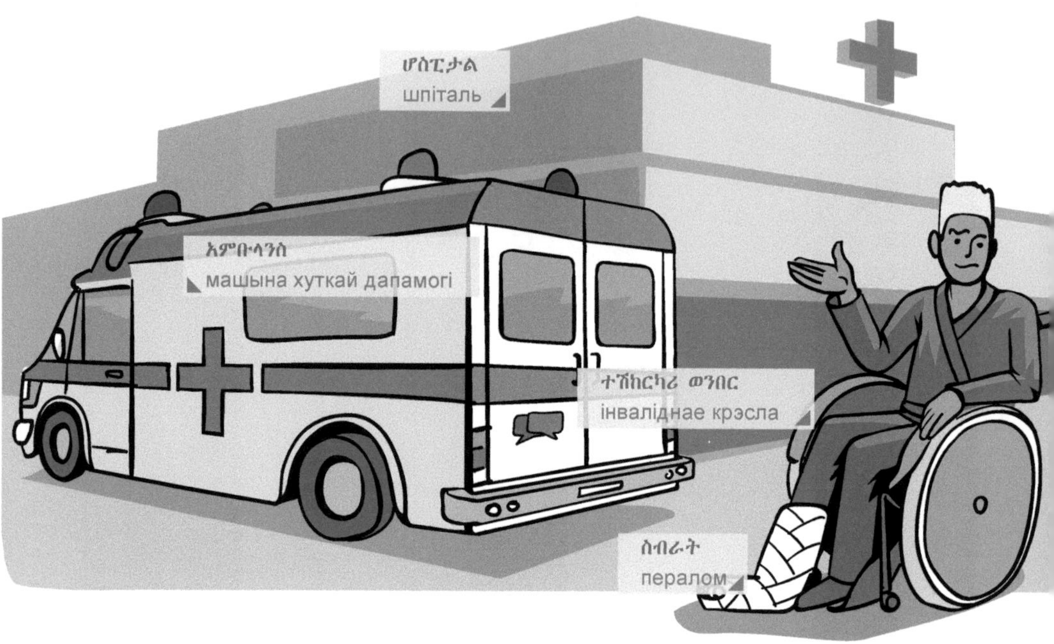

ሆስፒታል
шпіталь
አምቡላንስ
машына хуткай дапамогі
ተሽከርካሪ ወንበር
інваліднае крэсла
ስብራት
пералом

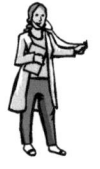

ዶክተር

доктар

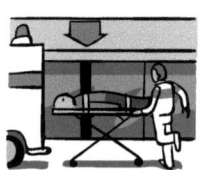

ድንገተኛ ክፍል

аддзяленне першай дапамогі

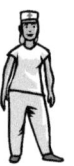

ነርስ

медсястра

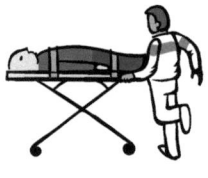

ድንገተኛ

экстраная дапамога

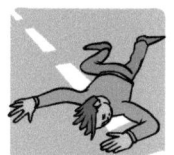

ራስን መሳት/ አለማወቅ

непрытомны

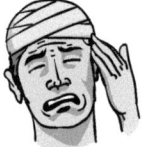

ህመም

боль

ጉዳት
....
траўма

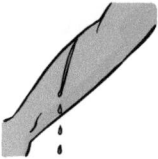

መድማት
....
крывацёк

የልብ ድካም
....
інфаркт

ስትሮክ
....
апаплексія

አለርጂ
....
алергія

ሳል
....
кашаль

ትኩሳት
....
гарачка

ኢንፍሎዌንዛ
....
грып

ተቅማጥ
....
панос

የራስ ምታት
....
галаўны боль

ካንሰር
....
рак

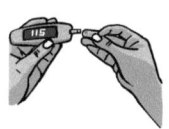

የስኳር በሽታ
....
дыябет

ቀዶ ጠጋኝ ሐኪም
....
хірург

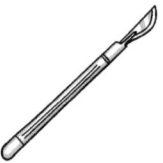

የቀዶ ጥገና ስለት
....
скальпель

ቀዶ ጥገና
....
аперацыя

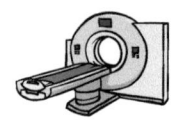

ሲቲ

КТ

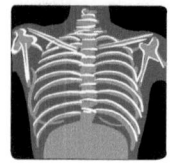

ኤክስሬዮ

рэнтген

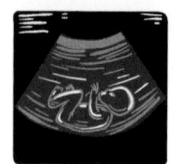

አልትራሳዉንድ

ультрагук

የፊት ጭምብል

маска

በሽታ

хвароба

መጠበቂያ ክፍል

пачакальня

ምርኩዝ

мыліца

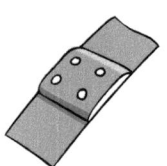

የቁስል ማሸጊያ

пластыр

ፋሻ

бінт

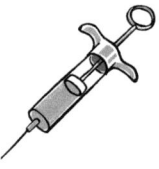

መርፌ

ін'екцыя

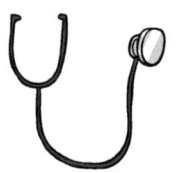

የልብ ምት ማዳመጫ መሳሪያ

стэтаскоп

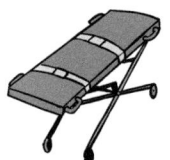

የበሽተኛ አልጋ

насілкі

የህክምና ሙቀት መለኪያ መሳሪያ

градуснік

መውለድ

нараджэнне

ከልክ ያለፈ ክብደት

лішняя вага

ለመስማት የሚረዳ መሳሪያ

слухавы апарат

ረ ተባይ መድሀኒት

дэзінфекцыйны сродак

ማመርቀዝ

інфекцыя

ቫይረስ

вірус

ኤች አይቪ ኤድስ

ВІЧ/СНІД

ህክምና

лекі

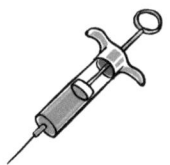

ክትባት

прышчэпка

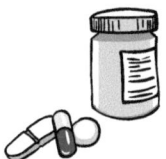

ኪኒን

таблеткі

ኪኒን

супрацьзачаткавая
таблетка

አስቸኳይ የስልክ ጥሪ

экстраны выклік

ደም ግፊት መቆጣጠሪያ

танометр

ህመም/ ጤንነት

хворы / здаровы

እርዳታ!

Ратуйце!

ማንቂያ ደዉል

сігналізацыя

ጥቃት

напад

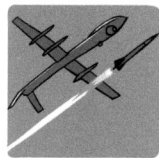

ድብደባ

атака

አደጋ

небяспека

የድንገተኛ መዉጫ

аварыйны выхад

እሳት!

Пажар!

እሳት ማጥፊያ

вогнетушыцель

አደጋ

аварыя

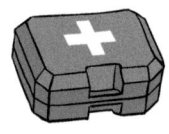

የመጀመሪያ እርዳታ መድሃኒት
መያዣ
аптэчка

ነፍስ አድን

СОС

ፖሊስ

паліцыя

ኦዉሮፓ

Еўропа

ሰሜን አሜሪካ

Паўночная Амерыка

ደቡብ አሜሪካ

Паўднёвая Амерыка

አፍሪካ

Афрыка

እስያ

Азія

አዉስትራሊያ

Аўстралія

አትላንቲክ

Атлантычны акіян

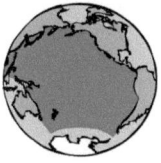

ፓስፊክ

Ціхі акіян

የህንድ ዉቅያኖስ

Індыйскі акіян

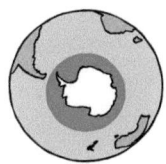

አንታርክቲክ ዉቅያኖስ

Паўднёвы ледавіты акіян

አርክቲክ ዉቅያኖስ

Паўночны ледавіты акіян

ሰሜን ዋልታ

Паўночны полюс

ደቡብ ዋልታ
....
Паўднёвы полюс

አንታርክቲካ
....
Антарктыда

ምድር
....
Зямля

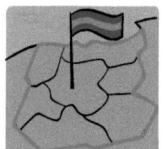

መሬት
....
краіна

ባህር
....
мора

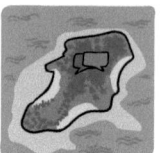

ደሴት
....
востраў

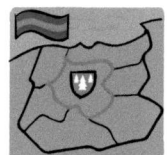

አገርና ሀዝብ
....
нацыя

መንግስት
....
дзяржава

ምድር - Зямля

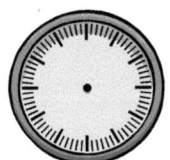

የሰዓት ገፅታ

цыферблат

ሰዓት

гадзінная стрэлка

ደቂቃ

хвілінная стрэлка

ሴኮንድ

секундная стрэлка

ስንት ሰዓት ነው?

Колькі часу?

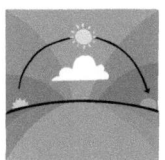

ቀን

дзень

ጊዜ

час

አሁን

зараз

የቁጥር ሰዓት

электронны гадзіннік

ደቂቃ

хвіліна

ሰዓታት

гадзіна

тыдзень

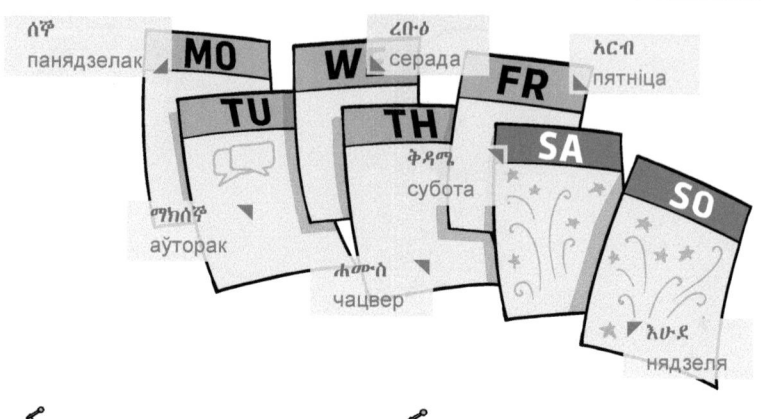

ሰኞ панядзелак

ማክሰኞ аўторак

ረቡዕ серада

ሐሙስ чацвер

ኣርብ пятніца

ቅዳሜ субота

እሁደ нядзеля

ትላንት
ŭчора

ዛሬ
сёння

ነገ
заўтра

ማለዳ
раніца

ቀትር
абед

ምሽት
вечар

MO	TU	WE	TH	FR	SA	SU
1	2	3	4	5	6	7
8	9	10	11	12	13	14
15	16	17	18	19	20	21
22	23	24	25	26	27	28
29	30	31	1	2	3	4

የስራ ቀናት
працоўныя дні

MO	TU	WE	TH	FR	SA	SU
1	2	3	4	5	6	7
8	9	10	11	12	13	14
15	16	17	18	19	20	21
22	23	24	25	26	27	28
29	30	31	1	2	3	4

የዕረፍት ቀናት
выхадныя

ГОД

ዝናብ
дождж
ቀስተ ዳመና
вясёлка
ጥጥ የሚመስል አመዳይ
በረዶ
снег
вецер
ፀደይ
вясна
መኸር
восень
በጋ
лета
ክረምት
зіма

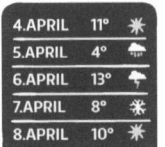

4.APRIL 11°
5.APRIL 4°
6.APRIL 13°
7.APRIL 8°
8.APRIL 10°

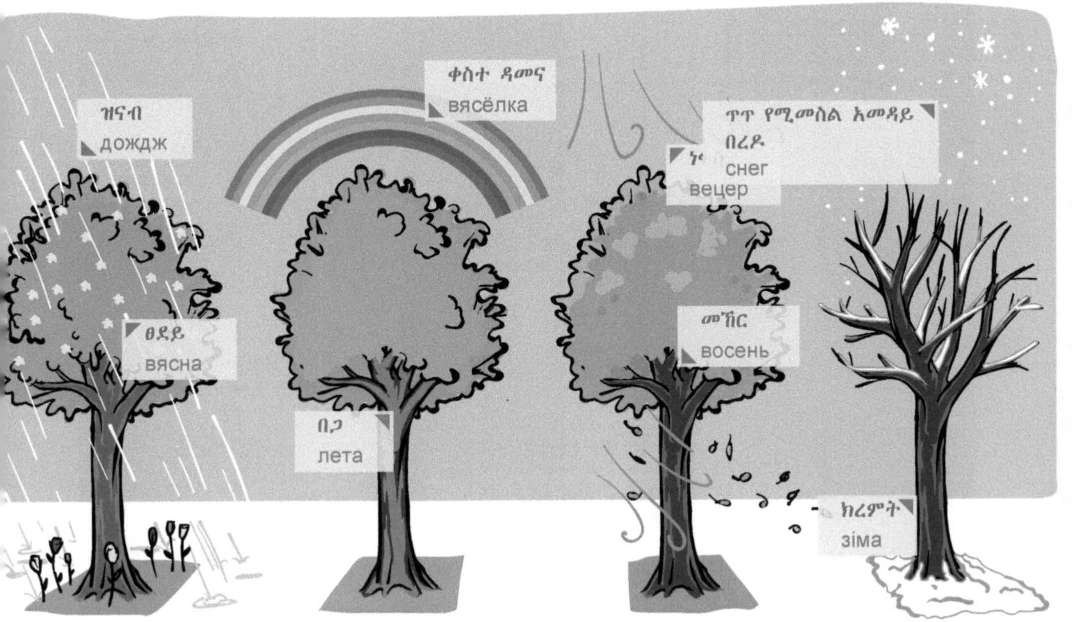

የአየር ሁኔታ ትንበያ

прагноз надвор'я

F C
120 90 60 30 0 -30
40 30 20 10 0 -10 -20

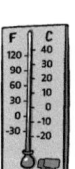

የሙቀት መለኪያ

градуснік

የፀሀይ ሙቀት

сонечнае святло

ደመና

воблака

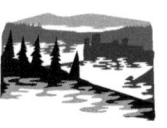

ጭጋግ

туман

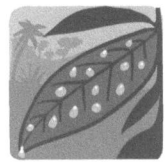

እርጥበታማነት

вільготнасць паветра

መብረቅ
....
маланка

ነጎድጓድ
....
гром

አዉሎ ንፋስ
....
бура

የበረዶ ዝናብ
....
град

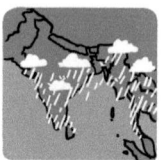

አዉሎ ንፋስ
....
мусонны вецер

ጎርፍ
....
прыліў

በረዶ
....
лёд

ጥር
....
студзень

የካቲት
....
люты

መጋቢት
....
сакавік

ሚያዚያ
....
красавік

ግንቦት
....
май

ሰኔ
....
чэрвень

ሐምሌ
....
ліпень

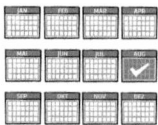

ነሀሴ
....
жнівень

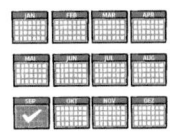

መስከረም
....
верасень

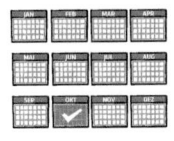

ጥቅምት
....
кастрычнік

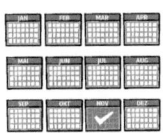

ህዳር
....
лістапад

ታህሳስ
....
снежань

ክብ
....
круг

አራት ማዕዘን
....
квадрат

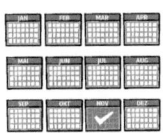

አራት ቀጥተኛ ማዕዘኖች ኖኖች
ያሉት ቅርፅ
....
прамавугольнік

ሶስት ማዕዘን
....
трохвугольнік

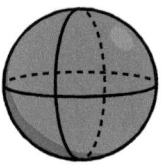

ሉል
....
шар

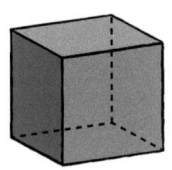

ስድስት ነን ያለዉ ቅርፅ
....
куб

ነጭ
....
белы

ቢጫ
....
жоўты

ብርቱካናማ
....
аранжавы

ሮዝ
....
ружовы

ቀይ
....
чырвоны

ወይን ጠጅ
....
фіялетавы

ሰማያዊ
....
сіні

አረንጓዴ
....
зялёны

ቡኒ
....
карычневы

ግራጫ
....
шэры

ጥቁር
....
чорны

ብዙ/ ጥቂት
шмат / мала

ንዴት/ እርጋታ
злы / добры

ቆንጆ/ አስቀያሚ
прыгожы / брыдкі

ጅማሬ/ ፍፃሜ
пачатак / канец

ትልቅ/ ትንሽ
высокі / малы

ደማቅ/ ደብዛዛ
светлы / цёмны

ወንድም/ እህት
сястра / брат

ንፁህ/ ቆሻሻ
чысты / брудны

የተሟሟ/ ያልተሟሟ
поўны / няпоўны

ቀን/ ምሽት
дзень / ноч

የሞተ/ ህያዉ
мёртвы / жывы

ሰፊ/ ጠባብ
шырокі / вузкі

የሚበላ/ የማይበላ

ядомы / неядомы

ክፉ/ ደግ

злы / добры

ደስተኛ/ ድብርተኛ

узбуджаны / нудны

ወፍራም/ ቀጭን

тоўсты / тонкі

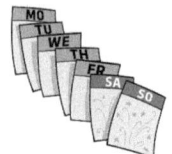

መጀመርያ/ መጨረሻ

першы / апошні

ንደኛ/ ጠላት

сябар / вораг

ሙሉ/ ጎዶሎ

поўны / пусты

ጠንካራ/ ለስላሳ

цвёрды / мяккі

ከባድ/ ቀላል

важкі / лёгкі

ረሃብ/ ጥጋት

голад / смага

ህመም/ ጤንነት

хворы / здаровы

ህገወጥ/ ህጋዊ

нелегальны / легальны

ጎበዝ/ ደደብ

разумны / дурны

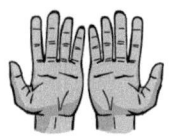

ግራ/ ቀኝ

левы / правы

ቅርብ/ ሩቅ

побач / далёка

ተቃራኒዎች - супрацьлегласці

አዲስ/ አሮጌ

овы / былы ва ўжываннi

ን / የሆነ ነገር

нічога / нешта

ሽማግሌ/ ወጣት

стары / малады

የ ራ/ የጠፋ

укл / выкл

ክፍት/ ዝግ

адчынены / зачынены

ጥታ/ ጫጫታ

ціхі / гучны

ሃብታ / ደሃ

багаты / бедны

ትክክለኛ/ የተሳሳተ

правільна / няправільна

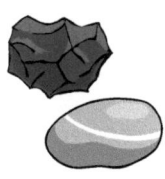

ሻካራ/ ለስላሳ

шурпаты / гладкі

ሐዘን/ ደስታ

сумны / шчаслівы

አጭር/ ረዥር

кароткі / доўгі

ዝግተኛ/ ፈጣን

павольны / хуткі

እርጥብ/ ደረቅ

вільготны / сухі

ሞቃት/ ቀዝቃዛ

цёплы / халаднаваты

ጦርነት/ ሰላ

вайна / мір

ተቃራኒዎች - супрацьлегласці

0
ዜሮ

нуль

1
አንድ

адзін

2
ሁለት

два

3
ሶስት

тры

4
አራት

чатыры

5
አምስት

пяць

6
ስድስት

шэсць

7
ሰባት

сем

8
ስምንት

восем

9
ዘጠኝ

дзевяць

10
አስር

дзесяць

11
አስራ አንድ

адзінаццаць

12
አስራ ሁለት
дванаццаць

13
አስራ ሶስት
трынаццаць

14
አስራ አራት
чатырнаццаць

15
አስራ አምስት
пятнаццаць

16
አስራ ስድስት
шаснаццаць

17
አስራ ሰባት
сямнаццаць

18
አስራ ስስምንት
васямнаццаць

19
አስራ ዘጠኝ
дзевятнаццаць

20
ሃያ
дваццаць

100
መቶ
сто

1.000
ሺህ
тысяча

1.000.000
ሚሊዮን
мільён

እንግሊዝኛ

англійская

የአሜሪካ እንግሊዝኛ

англійская (Амерыка)

የቻይና ማንዳሪን

кітайская мандарынская

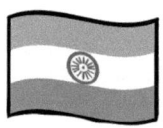

ሂንዱ

хіндзі

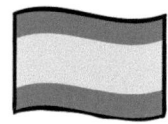

ስፓኒሽ

іспанская

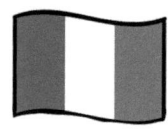

ፍሬንች

французская

አረብኛ

арабская

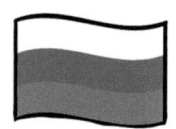

ራሺያኛ

руская

ፖርቱጊዝ

партугальская

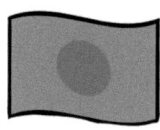

ቤንጋሊ

бенгальская

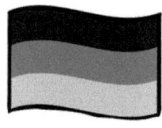

ጀርመን

нямецкая

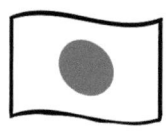

ጃፓንኛ

японская

እኔ

я

አንተ

ты

እሱ/ እርሷ/ እቃዉ

ён / яна / яно

እኛ

мы

አንተ

вы

እነርሱ

яны

ማን?

хто?

ምን?

што?

እንዴት?

як?

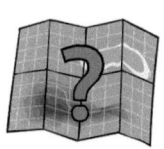

የት?

дзе?

መቼ?

калі?

ስም

імя

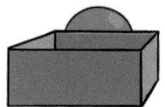

በስተጀርባ

за

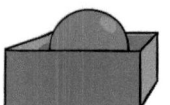

ዉስጥ

у

ከፊት ለፊት

перад

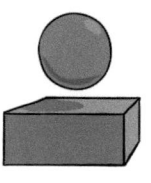

ከላይ

над

ላይ

на

ከስር

пад

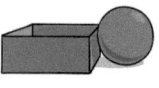

እጠገብ

каля

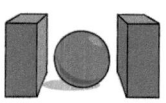

መሃከል

паміж

ቦታ

месца